全国高等学校外语教师丛书·

U0627335

Q Methodology in Applied Linguistics Research: A Case Analysis

应用语言学研究中的 Q方法案例分析

彭剑娥　许宏晨　　著

外语教学与研究出版社
FOREIGN LANGUAGE TEACHING AND RESEARCH PRESS
北京 BEIJING

图书在版编目（CIP）数据

应用语言学研究中的 Q 方法案例分析 / 彭剑娥，许宏晨著. —— 北京：外语教学与研究出版社，2025. 3（2025. 11 重印）. ——（全国高等学校外语教师丛书）.
ISBN 978-7-5213-5757-8

　I. H08
中国国家版本馆 CIP 数据核字第 2024HV8310 号

应用语言学研究中的 Q 方法案例分析
YINGYONG YUYANXUE YANJIU ZHONG DE Q FANGFA ANLI FENXI

出 版 人　王　芳
项目负责　段长城
责任编辑　李晓雨
责任校对　陈　阳
封面设计　覃一彪　彩奇风
出版发行　外语教学与研究出版社
社　　址　北京市西三环北路 19 号（100089）
网　　址　https://www.fltrp.com
印　　刷　北京捷迅佳彩印刷有限公司
开　　本　650×980　1/16
印　　张　10.75
字　　数　175 千字
版　　次　2025 年 3 月第 1 版
印　　次　2025 年 11 月第 6 次印刷
书　　号　ISBN 978-7-5213-5757-8
定　　价　49.90 元

如有图书采购需求，图书内容或印刷装订等问题，侵权、盗版书籍等线索，请拨打以下电话或关注官方服务号：
客服电话: 400 898 7008
官方服务号: 微信搜索并关注公众号"外研社官方服务号"
外研社购书网址: https://fltrp.tmall.com

物料号: 357570001

记载人类文明
沟通世界文化
www.fltrp.com

目 录

总　序

"全国高等学校外语教师丛书"是外语教学与研究出版社高等英语教育出版分社近期精心策划、隆重推出的系列丛书，包含理论指导、科研方法、教学研究和课堂活动四个子系列。本套丛书既包括学界专家精心挑选的国外引进著作，又有特邀国内学者执笔完成的"命题作文"。作为开放的系列丛书，该丛书还将根据外语教学与科研的发展不断增加新的专题，以便教师研修与提高。

编者有幸参与了这套系列丛书的策划工作。在策划过程中，我们分析了高校英语教师面临的困难与挑战，考察了一线教师的需求，最终确立这套丛书选题的指导思想为：想外语教师所想，急外语教师所急，顺应广大教师的发展需求；确立这套丛书的写作特色为：突出科学性、可读性和操作性，做到举重若轻，条理清晰，例证丰富，深入浅出。

第一个子系列是"理论指导"。该系列力图为教师提供某学科或某领域的研究概貌，期盼读者能用较短的时间了解某领域的核心知识点与前沿研究课题。以《二语习得重点问题研究》一书为例，该书不求面面俱到，只求抓住二语习得研究领域中的热点、要点和富有争议的问题，动态展开叙述。每一章的写作以不同意见的争辩为出发点，对取向相左的理论、实证研究结果差异进行分析、梳理和评述，最后介绍或者展望国内外的最新发展趋势。全书阐述清晰，深入浅出，易读易懂。再比如《认知语言学与二语教学》一书，全书分为理论篇、教学篇与研究篇三个部分。理论篇阐述认知语言学视角下的语言观、教学观与学习观，以及与二语教学相关的认知语言学中的主要概念与理论；教学篇选用认知语言学领域比较成熟的理论，探讨应用到中国英语教学实践的可能性；研究篇包括国内外将认知语言学理论应用到教学实践中的研究综述、研究方法介绍以及对未来研究的展望。

第二个子系列是"科研方法"。该系列介绍了多种研究方法，通常是一本书介绍一种方法，例如问卷调查、个案研究、行动研究、有声思维、语料库研究、微变化研究和启动研究等。也有的书涉及多种方法，综合描述量化研究或者质化研究，例如：《应用语言学中的质性研究与分析》《应用语言学中的量化研究与分析》和《第二语言研究中的数据收集方法》等。凡入选本系列丛书的著作人，无论是国外著者还是国内著者，均有高度的读者意识，乐于为一线教师开展教学科研服务，力求做到帮助读者"排忧解难"。例如，澳大利亚安妮·伯恩斯（Anne Burns）教授撰写的《英语教学中的行动研究方法》一书，从一线教师的视角，讨论行动研究的各个环节，每章均有"反思时刻""行动时刻"等新颖形式设计。同时，全书运用了丰富例证来解释理论概念，便于读者理解、思考和消化所读内容。凡是应邀撰写研究方法系列的中国著作人均有博士学位，并对自己阐述的研究方法有着丰富的实践经验。他们有的运用了书中的研究方法完成了硕士、博士论文，有的采用书中的研究方法从事过重大科研项目。以秦晓晴教授撰写的《外语教学问卷调查法》一书为例，该书著者将系统性与实用性有机结合，根据实施问卷调查法的流程，系统地介绍了问卷调查研究中问题的提出、问卷项目设计、问卷试测、问卷实施、问卷整理及数据准备、问卷评价以及问卷数据汇总及统计分析方法选择等环节。书中各个环节的描述都配有易于理解的研究实例。

第三个子系列是"教学研究"。该系列与前两个系列相比，有两点显著不同：第一，本系列侧重同步培养教师的教学能力与教学研究能力；第二，本系列所有著作的撰稿人主要为中国学者。有些著者虽然目前在海外工作和生活，但他们出国前曾在国内高校任教，也经常回国参与国内的教学与研究工作。本系列包括《英语听力教学与研究》《英语写作教学与研究》《英语阅读教学与研究》《英语口语教学与研究》《翻译教学与研究》等。以《英语听力教学与研究》一书为例，著者王艳副教授拥有十多年的听力教学经验，同时听力教学研究又是她博士论文的选题领域。《英语听力教学与研究》一书，浓缩了她多年来听力教学与听力教学研究的宝贵经验。全书分为两部分：教学篇与研究篇。教学篇中涉及了听力教学的各个重要环节以及学生在听力学习中可能碰到的困难与应对的办法，所选用的案例均来自著者课堂教学的真实活动。研究篇中既有著者的听力教学研究案例，也有著者从国内外文献中筛选出的符合中国国情的听力教学研究案例，综合在一起加以分析阐述。

第四个子系列是"课堂活动"。该系列汇集了各分册作者多年来的一线教学经验，旨在为教师提供具体、真实、具有较高借鉴价值的课堂活动案例，提高教师的课堂教学能力。该系列图书包括《英语阅读教学活动设计》《英语听力课堂活动设计》《英语合作学习活动》等。以《英语阅读教学活动设计》一书为例，阅读教学是学生学习语言知识和教师培养学生思维的重要途径和载体。该书第一作者陈则航教授多年来致力于英语阅读教学研究，希望通过该书与读者分享如何进行具体的阅读教学活动设计，探讨如何在课堂教学中落实阅读教学理念。该书包括三个部分。第一部分介绍在阅读前、阅读中和阅读后这三个不同阶段教师可以设计的阅读教学活动，并且介绍了阅读测评的目的、原则和方式。第二部分探讨了如何通过阅读教学促进学生思维发展。第三部分展示了教师在阅读课堂中的真实教学案例，并对其进行了分析与点评，以期为改进阅读教学活动设计提供启示。

教育大计，教师为本。"全国高等学校外语教师丛书"内容全面，出版及时，必将成为高校教师提升自我教学能力、研究能力与合作能力的良师益友。编者相信本套丛书的出版对高校外语教师个人专业能力的提高，对教师队伍整体素质的提高，必将起到积极的推动作用。

文秋芳

北京外国语大学中国外语与教育研究中心

2011 年 7 月 3 日

前　言

　　应用语言学在广义上是指"把语言学的知识应用于解决其他科学领域的问题"，在狭义上是指"语言教学，特别是第二语言教学或外语教学"（桂诗春 1987：14-15）。本书所指的是狭义应用语言学。这类研究的焦点是人的语言学习，常用的研究方法是问卷调查法和访谈法。问卷的使用尤为广泛，通过封闭式题目，研究者可以收集结构性的量化数据，用于各种描述统计（如频数分析）和推断统计（如方差分析、结构方程模型等）；通过开放式题目，研究者还可以收集质性数据，以了解调查对象的态度、想法等。如果要深入探索研究对象的主观看法，研究者可以通过（结构型、半结构型、无结构型）访谈，得到更为丰富的数据。可以说，问卷调查法和访谈法是语言教学研究中广泛使用的方法。

　　然而，这两种方法均存在一定的局限性。虽然问卷调查法可以得到大样本数据，用于推断统计，但是量化分析结果往往仅反映群体特征，如群体在某个潜变量的均值水平或分布，不能反映参与调查的个体特征，更无法反映每个个体对群体特征的贡献。因此，基于问卷或量表的量化研究往往被质疑是还原论（reductionism）：个体特征淹没在群体的平均水平之中。相比之下，访谈法虽然能够充分挖掘个体的观点、看法等主观性特征，但是数据信息却更加开放且无序。对访谈数据的分析很大程度上取决于研究者的理论视角、研究经验和分析能力，不同研究者对同一组数据的分析解读会大相径庭。换言之，对访谈等质性数据的分析相对主观，研究新手因此常常会心存疑虑，不确定自己对访谈数据的分析是否"准确"。综上，虽然问卷调查法和访谈法各有所长，都能反映研究对象对某一现象所持观点的群体水平和个体特性，但是两种数据结果均有不足，前者倾向将个体的主观性隐于群体特征之中，后者则不能反映群体主观性的客观结构。

　　此外，常见的做法是在同一研究中先后运用问卷调查法和访谈法，并将这种设计笼统地称为混合研究方法（mixed methods），这其实是对混合研究方法的普遍误解（详见第一章）。真正可以称得上混合研究方法的是近些年来国内外学界广泛使用的 Q 方法（Q methodology）。它能够克服问卷调查法和访谈法的局限，反映群体主观性的客观结构。Q 方法的基本操作流程是先收集关于研究主题的各种陈述，形成 Q 样本，然后让研究对象根据自己的观点，对 Q 样本进行正态分布式排序，最后对排序结果进行基于人的因子分析（by-person factor analysis）和因子解读。Q 方法聚焦研究对象的主观看法，并以研究对象为变量进行因子分析，使得每个因子所代表的研究对象群组的观点可以浮现出来。因此，Q 方法也被称为倒置的因子分析（inverted factor analysis）。

Q 方法已经广泛应用于临床医学、管理学、教育学等领域，国外也有相关著作详细介绍 Q 方法的原理和使用步骤。但目前国内应用语言学界尚无系统介绍 Q 方法的专著，难以满足广大科研人员采用这种方法开展研究的需求。因此，本书从实践角度出发，按照 Q 方法的理论内涵—方法实施—数据解读—论文汇报的逻辑思路，以已经发表的相关实证论文为例介绍 Q 方法，旨在为读者提供基础的方法论指导。

全书共六章。第一章为 Q 方法的概述，主要介绍 Q 方法的缘起、内涵、优势以及应用实例，使读者从理论源头上了解这一方法。第二章介绍 Q 方法的设计流程，包括研究问题的描述、研究工具的确定和研究样本的选取等，使读者理解 Q 方法的适用情境。第三至五章结合已经发表的研究实例依次介绍 Q 方法的实施（数据收集）、数据分析和结果解读，使读者直观地理解这一方法的基本流程。各章均配有练习，且以实操为主，使读者充分掌握这种方法的使用要领。第六章提出 Q 方法研究的趋势、进阶应用以及在应用语言学领域的应用展望。3.3 小节、4.1 至 4.5 小节还配有视频解析，为不同学习风格的读者提供学习便利。

Q 方法研究常用的一款免费软件是 PQMethod（Schmolck 2014），可以在 http://schmolck.org/qmethod/downpqwin.htm（2024 年 9 月 20 日读取）下载。本书的相关章节将以 PQMethod 为分析工具，示例 Q 方法数据的分析过程。

本书还包含三个附录，附录 1 列出了书中所用案例的原始数据。附录 2 是各章之后练习的参考答案。附录 3 列举了 Q 方法的分析工具与资源，供读者拓展学习使用。

　　本书是作者科研实践的经验总结。虽然作者已经使用 Q 方法解决过一些研究问题，但是对它的理解和掌握难免有所疏漏，因此，我们真切希望读者对本书中的错误予以批评指正。

　　值此出版之际，我们衷心感谢韩山师范学院的丁雪华老师、汕头大学毕业生吴丽怡慷慨分享她们实证研究的数据作为本书的研究示例。感谢中山大学的博士生蒋媛兰对使用 R 语言进行 Q 方法分析给予的宝贵的技术支持。感谢外语教学与研究出版社高英分社副社长段长城女士和许心怡女士的支持和帮助。

彭剑娥

汕头大学

许宏晨

北京语言大学

2023 年 12 月

第一章 Q 方法概述

本章主要介绍 Q 方法的含义和优势。由于 Q 方法与探索性因子分析关系密切，所以本章开篇首先介绍探索性因子分析，具体包括这种方法能够解决的研究问题、SPSS 操作及其结果解读。其次，本章通过新的研究需求引出使用 Q 方法的必要性，并结合实例介绍 Q 方法的含义和优势。最后，本章提供 Q 方法在应用语言学研究中的应用实例，以展现这种方法的适用情境。

1.1 从探索性因子分析说起

先看一个例子（见表 1.1）。本书作者之一的调查问卷中有 19 个题项（许宏晨等 2015：85-89），旨在据此了解学生对待双语教学的态度。这些题项均采用李克特五级量表形式：1 表示"最不同意"，5 表示"最同意"。问卷调查的样本由 297 名参与双语教学的学生构成。现在，研究者拟将这些题项归类，以便概括出学生对待双语教学的态度类型。换句话说，研究者想要考察这 19 个题项可以归为多少个类别，每个类别包含哪些题项，以及被归入同一个类别的题项有哪些共同特点。

表 1.1 高校双语教学调查问卷部分题项

题项编号	题项内容
1	所学专业即报考专业，且越学越喜欢
28	双语课上困难是专业词汇量少
70	双语教学让我认识到英语学习的不足
35	双语课教师善于理解长难句
43	双语教材太难，学着吃力
9	没办法才选这个专业，且越学越不喜欢
30	双语课上我读不懂长句子
37	双语教师英语讲课很自如

（待续）

（续表）

题项编号	题项内容
20	如果重来一次，我还选择现在这个专业
67	双语教学为我今后出国奠定了基础
34	双语课材料从句多了我就看不懂
39	双语教师英语问答很自如
58	双语教学促进了我的英语学习
44	双语教材英汉对照会更好
64	双语教学挖掘出了我的英语学习潜力
46	双语教材英汉对照更适合我
41	双语教师发音不准听着吃力
48	双语教材很好，没必要用汉语版本
61	双语教学让我对英语学习更有信心

为了回答上述问题，研究者通常采用探索性因子分析。它是一种归类方法，利用样本提供的信息，把一些相互关联的连续变量（即问卷中的题项）归入一个因子（即类别），把另一些相互关联的连续变量归入另一个因子。以此类推，研究者就可以把多个题项归入几个因子，从而达到提炼类别、精简信息的目的。因为分析之前研究者并不清楚能归纳出多少个因子，所以这种方法称为探索性因子分析。本节介绍探索性因子分析的 SPSS 操作、结果解读和论文汇报方式。

探索性因子分析的 SPSS 操作步骤如下。打开 Analyze 菜单，找到 Dimension Reduction 模块，选用其中的 Factor Analysis 功能。在主对话框中（见图 1.1），把拟进行类别提炼涉及的所有题项移入 Variables 框内。本例中，需要将表 1.1 中的 19 个题项全部移入 Variables 框内。

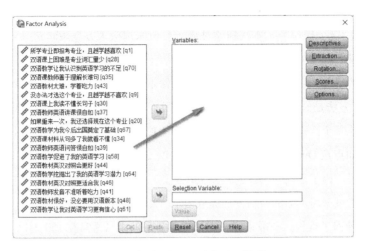

图 1.1　探索性因子分析主对话框

　　点击 Descriptives 按钮，进入描述统计对话框（见图 1.2）。在保留默认选项的基础上，勾选 KMO and Bartlett's test of sphericity。这个操作的意思是让 SPSS 软件输出探索性因子分析，统计前提检验结果，以便判定样本数据是否适合进行探索性因子分析。一般来说，如果 KMO 的检验结果大于或等于0.70，且 Bartlett 球形检验结果达到显著水平（$p \leqslant 0.05$），则说明数据适合用来进行探索性因子分析。上述设定完毕后，点击 Continue 返回主对话框。

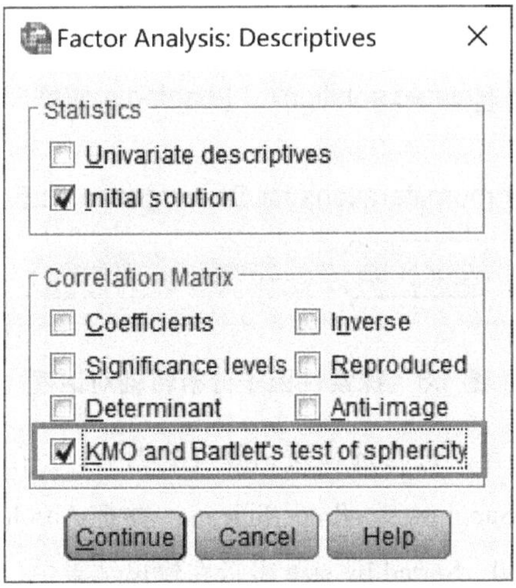

图 1.2　探索性因子分析描述统计对话框

点击 Rotation，进入转轴对话框（见图 1.3）。在转轴对话框中，点选 Varimax。这个操作表示本次探索性因子分析采用极大方差旋转法（Varimax）进行转轴，以便最大限度地保证所提取的因子之间彼此独立。这里简单解释一下转轴的目的。它是为了便于研究者解读探索性因子分析的结果。本例采用的 Varimax 方法是一种正交旋转法，旨在让因子和因子之间的相关性最低，也就是说，让每个因子尽量保持统计学意义上的独立性。此外，还可以采用斜交旋转法（如点选 Quartimax、Equamax 等），以便允许因子和因子之间有些关联，也就是说，因子之间并不独立，在统计学意义上彼此交叠。实操过程中，研究者可以尝试采用不同的转轴方法提取因子，然后进行比较，最终选用更便于解读的那种因子结构。一般来说，如果样本量足够大（通常在 150 人以上），正交旋转和斜交旋转得到的结果差异不大。点击 Continue 返回主对话框。

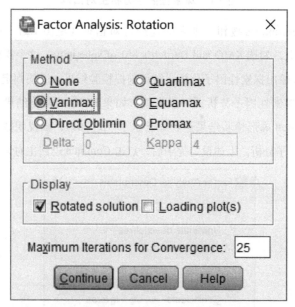

图 1.3　探索性因子分析转轴对话框

点击 Options 按钮，进入选项对话框（见图 1.4）。在选项对话框中，勾选 Sorted by size 和 Suppress small coefficients，并把 Absolute value below 后空格中的 0.10 改为 0.50。Sorted by size 表示在输出结果中，因子载荷将按照数值绝对值的大小由高到低呈现；Suppress small coefficients 表示输出结果中不

呈现数值绝对值低于 0.50 的因子载荷。这里简单解释一下因子载荷的含义。它是指一个题项与因子的关联程度。因子载荷的绝对值在 [0，1] 之间，越接近 1 表示题项与因子的关联程度越高，越接近 0 表示题项与因子的关联程度越低。由于一个题项与几个因子均存在关联，所以只能将这个题项归入因子载荷绝对值最大的那个因子，忽略其在其他因子上的载荷。一般来说，如果因子载荷低于 0.50，那么就可以忽略了。这就是上文把 0.10 改为 0.50 的原因。这里需要补充说明一点：有的研究者认为忽略因子载荷的标准可以再降低一些，他们通常使用 0.30 作为标准，即因子载荷低于 0.30 的就可以忽略了；其实，读者可以自己尝试将这个数值设定为 0.30 到 0.50 之间的任意一个小数，只要输出结果清晰易读即可。事实上，上述这两项操作均是为了便于研究者查看输出结果，即便不做设定也不会影响因子分析的最终结果。设定完毕后，点击 Continue 返回主对话框，再点击 OK 提交系统进行运算。

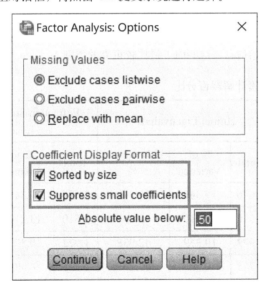

图 1.4　探索性因子分析选项对话框

按照上述操作，探索性因子分析会输出 6 张表格。研究者择要读取即可。首先是 KMO 和 Bartlett 球形检验结果（见表 1.2）。读表可知，KMO 值为 0.757，大于 0.7。Bartlett 球形检验结果达到显著水平，即 p 小于 0.05。这些指标表明，本次数据适合用来做探索性因子分析，结果可靠。

表 1.2 探索性因子分析 KMO 和 Bartlett 球形检验结果

Kaiser-Meyer-Olkin Measure of Sampling Adequacy		0.757
Bartlett's Test of Sphericity	Approx. Chi-Square	1535.876
	df	171
	Sig.	0.000

接下来是因子累计解释百分比（见表 1.3）。读表可知，特征值大于等于 1 的因子共计 5 个，也就是说，SPSS 软件把 19 个题项归为 5 个类别。特征值代表因子对题项的解释能力。一般来说，如果特征值大于 1，就说明这个因子对题项的解释能力高。因此，在探索性因子分析中，研究者通常根据大于 1 的特征值的个数确定因子个数。本例中，大于 1 的特征值有 5 个，且这些特征值所对应的因子累计起来能够解释 19 个题项信息的 59%。一般来说，如果这个百分比大于或等于 50%，就认为探索性因子分析提取的这些因子是有效的。本例已经达到这个要求，说明把 19 个原始题项归为 5 个因子之后仍然能够保留一半以上的原始信息，这些因子是比较可靠的类别。

表 1.3 因子累计解释百分比

Component	Initial Eigenvalues			Extraction Sums of Squared Loadings		
	Total	% of Variance	Cumulative %	Total	% of Variance	Cumulative %
1	3.676	19.349	19.349	3.676	19.349	19.349
2	2.510	13.210	32.559	2.510	13.210	32.559
3	1.972	10.379	42.938	1.972	10.379	42.938
4	1.775	9.340	52.277	1.775	9.340	52.277
5	1.286	6.768	59.045	1.286	6.768	59.045
6	0.895	4.712	63.757			
7	0.848	4.464	68.221			
8	0.732	3.853	72.075			
9	0.683	3.594	75.669			

（待续）

（续表）

Component	Initial Eigenvalues			Extraction Sums of Squared Loadings		
	Total	% of Variance	Cumulative %	Total	% of Variance	Cumulative %
10	0.642	3.379	79.048			
11	0.626	3.297	82.344			
12	0.579	3.046	85.390			
13	0.547	2.877	88.267			
14	0.451	2.373	90.640			
15	0.413	2.174	92.814			
16	0.405	2.132	94.946			
17	0.359	1.889	96.834			
18	0.309	1.626	98.461			
19	0.293	1.539	100.000			

Extraction Method: Principal Component Analysis.

接下来呈现的是这5个因子及其所包含的题项（见表1.4）。第一个因子（即类别）包含5个题项，根据因子载荷由高到低分别是双语教学挖掘出了我的英语学习潜力（0.804）、双语教学让我对英语学习更有信心（0.791）、双语教学促进了我的英语学习（0.666）、双语教学为我今后出国奠定了基础（0.639）、双语教学让我认识到英语学习的不足（0.530）。仔细阅读这些题项的表述会发现，它们均是关于学生在双语课上学到的知识和技能。研究者可以用这些题项的共同特点——学习收获——作为第一个因子的名称。

读者会发现，第一个因子下的5个题项的因子载荷是由高到低排列的。这是因为在图1.4中勾选了 Sorted by size。读者还会发现第一个因子下的5个题项在其他因子上的载荷并未显示出来。这是因为在图1.4中勾选了 Suppress small coefficients，并将 Absolute value below 后面方框中的0.10改为0.50。这样，所有低于0.50的因子载荷就不再显示了。如果把0.50改为0.30，那么这5个题项在其他因子上的载荷有可能会被显示出来。读者可以使用本书的配套数据自己操作一遍，看到输出结果后会对此步骤有更为深刻的理解。

按照给第一个因子命名的方法，研究者可以给其余的四个因子命名。第二个因子包含 4 个题项，它们的共性是关于双语教材语言的，因此可以把这个因子命名为教材用语。以此类推，第三个因子可以概括为专业兴趣，第四个因子可以概括为教师水平，第五个因子可以概括为学习困难。需要注意的是，每个因子下面至少需要包含 3 个题项，否则无法构成 1 个独立的因子。本例中，每个因子下均包含 3 个以上题项，因此 5 个因子都成立。

表 1.4 探索性因子分析转轴矩阵

Item	Component				
	1	2	3	4	5
双语教学挖掘出了我的英语学习潜力	0.804				
双语教学让我对英语学习更有信心	0.791				
双语教学促进了我的英语学习	0.666				
双语教学为我今后出国奠定了基础	0.639				
双语教学让我认识到英语学习的不足	0.530				
双语教材英汉对照会更好		0.816			
双语教材很好，没必要用汉语版本		0.754			
双语教材英汉对照更适合我		0.725			
双语教材太难，学着吃力		0.611			
所学专业即报考专业，且越学越喜欢			0.871		
如果重来一次，我还选择现在这个专业			0.850		
没办法才选这个专业，且越学越不喜欢			0.825		
双语教师英语讲课很自如				0.774	
双语课教师善于理解长难句				0.740	
双语教师发音不准听着吃力				0.731	
双语教师英语问答很自如				0.524	

（待续）

（续表）

Item	Component				
	1	2	3	4	5
双语课上我读不懂长句子					0.818
双语课材料从句多了我就看不懂					0.703
双语课上困难是专业词汇量少					0.594

Extraction Method: Principal Component Analysis.
Rotation Method: Varimax with Kaiser Normalization.
a. Rotation converged in 5 iterations.

通过探索性因子分析，研究者回答了之前提出的研究问题，即学生对双语教学的态度可分为 5 类：学习收获、教材用语、专业兴趣、教师水平和学习困难。这样，就把原来的 19 个题项归并为 5 个因子，达到了概括类别、精简信息的目的。

如果要在学术论文中汇报探索性因子分析的检验结果，那么一般需要按照以下格式进行。

KMO 值为 0.757，Bartlett 球形检验结果显著（$p<0.05$）。这表明样本数据适合用来进行探索性因子分析。研究采用极大方差旋转法（Varimax）提取特征值大于 1 的因子，且每个因子下至少含有 3 个题项。按照上述标准，共提取 5 个因子，累计解释百分比为 59%，大于 50%，符合探索性因子分析因子累计解释百分比要求。根据每个因子所含题目的共同特点，5 个因子依次命名为学习收获、教材用语、专业兴趣、教师水平和学习困难，即学生对待双语教学的态度可分为以上 5 个类别。每个因子及其所含题项详见表 1.4。

探索性因子分析的论文汇报需要包括以下内容：（1）KMO 和 Bartlett 球形检验结果；（2）因子转轴方法、特征值标准、因子所含题项数量；（3）因子提取数量及累计解释百分比；（4）各因子名称；（5）各因子与题项对应表。

上述案例显示，探索性因子分析可以将学生的双语教学态度分为 5 种类型。换句话说，它能分析出样本被试作为一个整体的态度全貌。不过，被试个体不可能只持有一种态度类型，而是会同时持有几种态度类型，且会出现态度类型相似的情况。比如，一类被试对双语教学的态度更偏重学习收获和专业兴趣，另一类被试对双语教学的态度更偏重教材用语和学习困难，第三类被试对双语教学的态度更偏重教师水平、教材用语和学习困难……这种情况给研究者的启发是，能否根据样本数据对具有相同特征的被试进行归类，以便将同类被试的"样貌"概括出来？答案是可以的，这就需要使用 Q 方法。

1.2　一种新的研究需求

再看一则实例。本书作者之一研究中国西班牙语（下文简称"西语"）专业学生的西语学习动机（Peng & Wu 2024）。该研究的研究工具是 47 条有关西语学习动机的描述语；研究对象是 47 名西语专业学生，其中大学一年级学生27 人，大学二年级学生 20 人。该研究的第一个研究问题是：西语专业一年级学生和二年级学生的动机轮廓（profile）分别是什么？这里的轮廓就是前文所说的"样貌"。在这项研究中，研究者并不关注这 47 条动机描述语能分多少类别，即不关注 47 名被试整体的动机全貌。研究者关注的是这些被试个体的动机"样貌"，即轮廓。假如这 47 条动机描述语可以归为 4 类：工具动机、兴趣动机、环境动机、自我形象动机，那么研究者关注的是那 47 名研究对象（即被试）呈现的动机类型组合。例如，有些被试的动机更侧重工具动机和环境动机，而另一些被试的动机则更侧重兴趣动机和自我形象动机。这样研究者就得到了两种动机轮廓。

上述研究问题无法使用探索性因子分析来回答，因为这种方法不能将不同题项所反映的动机类型与被试个体关联起来，也不能凸显被试个体的主观想法。为了回答这类研究问题，需要使用 Q 方法，因为它既能凸显被试的主观想法，又能提取这些主观想法的结构性特征，以便让研究者看到被试想法的轮廓。

先来看看通过 Q 方法得到的被试动机轮廓。下面展示的是西语专业一年级学生的西语学习动机轮廓。他们的动机轮廓主要有 3 种（Peng &

Wu 2024）。[1] 第一种动机轮廓是与工具目标相关的自我驱使。具有这种动机轮廓的学生人数最多，包括 10 名女生和 1 名男生。他们将西语学习视为一种提升其就业竞争力的工具（24：+5），这与宏观层面政策（32：+5）的背景相关。这些学习者的西语学习似乎不受他们父母（21：−5）或周围人（4：−4）的影响，且即使被认为是学习较差的学生，他们也不会在意（1：−4）。相反，虽然他们认为西语学习对生活的负面影响很小（36：−4），但是他们还是为了获得证书（14：+4）和避免对 GPA 产生负面影响（8：+4）而努力学习西语。他们还是唯一一组表明自己未来愿意使用西语的学生（45：+3），特别是出于职业需求（13：+3）和商务谈判（17：+2）等原因来使用它。总的来说，具有这种动机轮廓的被试展现了自己／应该的自我指引，即他们学习西语是自发的，而不是被任何第三方强加的，并对自己的个人需要和应该履行的责任予以认同。这种轮廓表明他们是具有工具性自我激励特征的学习者。

这种动机轮廓就是通过 Q 方法概括出来的。上一段中有很多括号，每对括号内有两个用冒号隔开的数字。冒号前面的数字表示动机描述语的编号（见表 4.1），冒号后面的数字表示动机描述语在该动机轮廓中的得分（见第四、五章）。加号表示正向得分，即被试赞同的动机描述语；减号表示负向得分，即被试反对的描述语。加号或减号后面的数字越大表示被试对这条描述语赞同或反对的程度越大，反之则越小。

研究者根据同样的方法发现了第二种动机轮廓。这种动机轮廓是与内在兴趣相关的自我激励。具有这种动机轮廓的学生包括 4 名女生和两名男生。这些学生表现出对西语文化（38：+5）、电影（10：+4）和音乐（43：+4）的强烈兴趣。父母（9：−5）和家人（21：−5）这类重要他者的观点对这些学生的影响似乎不大。他们的西语学习是受好奇心（40：+5）和兴趣（35：+3）驱动的，是唯一承认自己努力学习西语的群体（47：+4），也是唯一表达感觉在西语课上时间过得快的群体（22：+2）。他们的西语学习不以 GPA 为导向（8：−2）。简而言之，这种动机轮廓反映了促进定向型的自己／理想的动机特征，而且这种动机轮廓的特别之处在于学生明确地表现出由内在兴趣驱动的对西语的偏好。

1　此处是指 Peng & Wu（2024）的研究中西语专业一年级学生的西语学习动机轮廓。这与本书第四章 4.5 小节、4.7 小节不同，那里是指该专业二年级学生的学习动机轮廓。

　　运用 Q 方法，研究者还得到了第三种动机轮廓。这种动机轮廓是被试受他人影响且随环境变化的。具有这种动机轮廓的学生包括两名女生。她们对西语所持的看法较为模糊。虽然她们对教师的教学风格给予了积极评价（12：+4），但她们表现出的课堂参与度较低（22：-4），也不太努力去寻找西语学习资源（44：-5）。在所有被试中，她们是唯一表达对西语学习欲望不强的群体（41：+1）。不过，她们仍然愿意学习西语（33：+5），因为她们认识到了这种语言在国家政策（32：+4）和国际社会中的重要性（28：+4）。此外，两名学生的动机似乎以预防定向为主，因为在所有被试中，只有她们的西语学习是与获得重要他者认可（18：+2）有关联的，尤其是为了避免受到教师的负面评价。可以看出，她们在西语学习中保持了某种程度上模糊的自我形象和目标，表明她们的西语学习具有他者/应该的动机特征。在学习过程中遇到挫折和有不安全感时，她们的动机也会发生变化，这取决于外部环境的输入和影响。

　　从以上三个动机轮廓的描述，研究者可以清晰地看出 Q 方法所能解决的研究问题。它可以将不同题项与被试个体关联起来，并且通过 Q 排序得分凸显被试个体的主观想法。这些主观想法不但被凸显出来，而且还具有结构性特征，即具有同一动机轮廓的被试的主观想法具有共同特性。这样研究者便可勾勒出被试主观想法的轮廓。

1.3　Q 方法的缘起

　　Q 方法不仅是一种数据分析方法，还是一个哲学层面的概念框架。这一方法由英国物理学家和心理学家 William Stephenson 于 1935 年提出并发展起来。它通过创新性改良传统的基于变量的因子分析（by-variable factor analysis），改进了心理学学科一贯遵循的客观主义研究范式，实现了对主观性（subjectivity）的客观研究，为主观性科学（science of subjectivity）提供了理论和方法基础。之后 Stephenson 的学生 Steven R. Brown 致力于推动 Q 方法的发展。迄今为止，Q 方法已被广泛应用于心理学、应用语言学、临床医学、管理学、教育学等领域。

　　Q 方法的主旨是以客观研究范式揭示主观性。主观性和操作主观性（operant subjectivity）是 Q 方法的两个重要概念。主观性是指人们从自我的视角对自己或者在公开场合对别人说的话，但不包括对客观事实的陈述（Brown 2019）。对客观事实的陈述（如"太阳从东方升起"）不属于主观性，而个人的观点（如"这花儿很美"）、态度、情感甚至偏见等都属于主观性。需要明确的是，主观性并不是与客观性相对立的个体心理意识，主观性是指个体能够与别人谈论的东西，即通过行为所表达的观点，比如通过 Q 排序表达自己的观点，因而个体的主观性在具体行为上是客观的，可以通过科学方法加以测量，所以称为操作主观性。换言之，将这些可表达的观点称为主观性仅仅因为，在 Q 排序中被试个体从第一人称视角——即"我"而不是"你"——对一系列项目进行操作（Watts & Stenner 2012），通过 Q 排序表述自身观点或主观行为就是操作主观性。Stephenson 对操作主观性的界定，反映了他拒绝将研究对象物化（客观主义）或非理性化（主观主义），尝试在心理学研究领域调和客观研究范式和主观研究范式（姜永志 2013）。

1.4　Q 方法的内涵

　　如前所述，Q 方法打破了主导心理学研究的"心智—身体、主观—客观的二元本体论"（郑咏滟 2023：3），反映了一种哲学观和理论框架。从本体论（ontology）、认识论（epistemology）、方法论（methodology）方面来看，Q 方法是一种自然地融合了量化方法和质性方法的混合研究方法。Riazi（2017：32）认为，本体论反映了人们"对现实和研究问题的本质的假设"，认识论指人们"对研究者与研究对象之间的关系或对知识本质的信念的假设"，而方法论指"数据收集和分析的系统程序"，图 1.5 显示了实证研究中三者的关系。

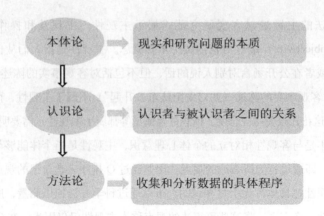

图 1.5 实证研究中本体论、认识论、方法论的关系（译自 Riazi 2017：33）

具体而言，传统上的量化研究方法和质性研究方法，分别体现了不同的本体论和认识论。量化方法受实证主义影响，这种世界观以自然科学为取向，认为研究对象或现实是客观存在的，对其的研究可以不受研究者的主观性影响，遵从还原主义原则，探究事物的因果关系。因此，量化方法反映了客观主义认识论，认为研究者与研究对象是分离的，可以通过科学、精确的方法将研究对象浓缩成若干个变量，并通过科学、系统的方法对变量之间的关系或模式进行测量和解释。应用语言学领域常用的问卷调查法及其数据分析便反映了这一本体论和认识论。

质性方法所反映的本体论则认为现实是由人类心智所建构的，所以研究对象也是由人们建构的现实所构成的。因此，质性方法反映了主观主义认识论，认为研究者和研究现象是无法截然分开的，研究者就是研究现象的组成部分，质性研究实际上是以研究者和被研究者的双重视角重构研究现象，因此强调人的主观性，要求对研究现象进行全面描述（holistic account）。访谈法反映了以上本体论和认识论。

Q方法调和了客观研究范式和主观研究范式，研究的核心是主观观点，但同时强调客观性，认为信念、情感等主观观点不是孤立存在的，也非不可测量的个体的心理意识，而是个体在与外部世界沟通过程中表现出来的行为，如跟自己或别人说话，通过Q排序表达自己的观点等。因此，虽然主观观点无法证实或证伪，但Q方法致力于呈现主观观点的结构和形式，亦即主观性的结构。

此外，Q方法反映了格式塔心理学的整体观（Watts & Stenner 2005a），强调整体大于局部之和，认为不能将人的观点分解成若干组成部分，而是通过邀请研究对象在Q排序过程中表达观点，探察这些不同观点在群体中如何相互联系、耦合，形成不同的观点集合（configuration）（Watts & Stenner 2005a）。这一整体观体现在Q方法基于人的相关分析和因子分析，此外也反映在对Q方法分析结果的整体性解读中（详见后续章节）。

1.5　Q方法的优势

Q方法在本质上综合了量化方法和质性方法的特点，相比应用语言学其他研究方法，它在解决研究问题方面具有若干优势。

第一，与以问卷调查法为代表的量化研究方法相比，Q方法可以让研究者看到被试个体的主观想法结构。问卷调查法是应用语言学研究中经常使用的研究工具，它遵循客观主义研究范式的假设—演绎的逻辑（Watts & Stenner 2005a），以测量和检验为目的，在定义了关键构念（construct）及其操作化指标之后，便可以设计具体测量工具、收集数据、进行推断统计或验证假设模型。这类方法通常需要百人以上的大样本。这种方法被归为R方法。该名称由Stephenson提出，源自相关分析中的皮尔逊相关系数（Pearson's r），是对将测试的特征（如问卷题项）作为变量，将人作为样本的研究方法的统称（Watts & Stenner 2012）。通过问卷收集的数据一般通过探索性因子分析提取几个可以充分解释具有依赖关系的题项的因子（也称类别），从而达到将问卷中多个题项归并为少数几个类别的目的。这是典型的R方法。与之相反，Q方法在量化方法的客观主义研究范式基础上引入人本主义世界观，因此它能够以量化方法探索人类的主观想法结构。Q方法的研究工具是一套Q样本（Q set），这套样本由各种观点集合而成。这些观点有的来自前人研究，有的来自研究者，还有的来自被试。Q方法的数据收集过程是让被试根据自己的价值判断将Q样本中的观点对应到Q排序中，即构建每个被试自己的观点集合。因此，在Q方法中每一个被试就是一个变量，观点相似的被试会被归并在一起。这样，他们的观点集合就会浮现出来，研究者便可以看到被试主观想法的结构，即轮廓。Q方法对被试数量要求也不高，一般来说只需要几十人。其实，Q方法与问卷调查法最大的不同在于它们能够解决的研究问题不同。问卷调查法旨在反映整体趋势性问题，它不关注被试作为个体的特异性，而是将所有被试视作一个整体，考察这个整体呈现出的特点。Q方法旨在反映被试主观想法的结构。它不关注被试整体呈现出的趋势，而是将具有相同观点结构的被试聚拢起来，看他们的观点呈现出的共性特征，以呈现不同的观点轮廓。总体来说，问卷调查法能解决有关整体趋势性的问题，Q方法能解决有关个体突出特征的问题。

第二，与以访谈法为代表的质性研究方法相比，Q方法能对被试主观想法的结构特征做出较为客观的分析。质性研究通常采用目的抽样的方法，旨在探询研究对象的主位视角。它主要通过访谈、观察、收集反思日志和实物等手段收集数据，再对数据进行自下而上的编码分析，进而归纳出研究对象的观点和想法。受数据收集方式的限制，访谈一般只能在少数几个人中进行。访谈文本的开放性也使得质性数据分析更依赖研究者的主观判断，分析结果通常体现在研究者提炼出来的主题上面，难以准确反映相似受访人的观点的结构性。以Peng & Wu（2024）的研究情境为例，如果采用访谈法研究西语专业学生的西语学习动机，那么研究者收集的数据只能回答诸如"受访者怎样看待西语专业？""受访者的西语学习动机如何？"之类的研究问题。换句话说，访谈法只擅于回答以"怎样""如何"引出的、具有过程性特征的研究问题，但是无法回答"受访人的动机轮廓有哪些？"这类有关个体主观性结构特征的研究问题。此外，对于访谈数据，研究者在很大程度上依赖自己的判断对其进行主题分析，分析结果相对主观。相比之下，虽然Q方法也同样聚焦主观性，但它引入了基于人的因子分析，因此可以通过数据规律确立主观观点的结构。此外，Q方法还通过提炼群组共性进而概括出群组的观点集合，更能使研究结果克服还原论的不足，体现结构性原则。换句话说，通过数理统计和分析提取被试主观观点的客观结构，Q方法能够增加数据分析的客观性，并且能让研究者深入观察到被试主观观点的轮廓。

第三，Q方法还是一种真正意义上的混合研究方法。为了提高研究效度，研究者常常将问卷调查和访谈两种方法结合起来，并称之为混合研究方法。笔者认为这样理解混合研究方法不够妥当。混合研究方法并非仅仅将量化和质性两种方法应用在同一个研究中，而是反映了特定的本体论和认识论（Riazi 2017），并且有系统的设计流程和实施模式，如顺序性解释设计、顺序性探索设计等（Creswell & Creswell 2022）。此外，混合研究方法能够解决的问题往往既带有整体趋势性又带有个体发展性。整体趋势性问题往往采用量化方法加以解决，个体发展性问题往往采用质性方法加以解决。但是，这两类问题在研究中是分别提出的。例如，如果使用混合研究方法研究中国西语专业大学生的西语学习动机，那么研究者需要提出两个研究问题：第一，中国西语专业大学生的西语学习动机有哪些类型？第二，这些动机类型在西语专业学生身上是如何表现的？为了回答第一个研究问题，研究者需要进行大规模的问卷调查；为了回答第二个研究问题，研究者需要进行足够量的访谈。也就是说，研究者也要通过不同的手段分别收集量化数据和质性数据。在分析结果时，研究者通常先采用量化分析方法和质性分析方法对两类数据分别进行分析，然后再将它们整合起来。以上述研究问题为例，研究者需要先通过探索性因子分析归纳出西语专业学生的西语学习动机，再通过主题分析法概括出这些动机的特征。这时，往往会出现量化分析结果和质性分析结果不一致的情况。比如，探索性因子分析归纳出的西语学习动机类型可能未出现在受访对象身上。反过来，受访对象提及的动机类型可能未被探索性因子分析发现。此时，研究者对数据结果的解读分析就会陷入极大的困境。

相比之下，Q方法可以避开上述困境，因为它采用量化方法和质性方法相结合的方式解决研究问题。首先，Q方法回答的研究问题往往只有一个，例如，西语专业学生的西语学习动机轮廓是什么？若要解决这个研究问题，研究者既需要量化方法也需要质性方法。一般来说，研究者需要通过量化方法收集一定数量的西语专业学生对西语学习的看法。这些看法往往通过类似问卷中的题项来获得，而且研究者还需要一定数量的西语专业学生来参与这项研究。这些步骤均采用了量化研究范式和方法。此外，研究者还需要通过质性方法探究这些学生的西语学习动机。这往往通过类似访谈的方法获得。不过，在Q方法中，研究者并非通过逐一访谈研究对象来获得他们的看法，而是请他们把自己的看法通过对Q样本进行Q排序展现出来。这种做法可以快速收集研究对象的态度结构，又不会因为提问不当诱导研究对象做出违背自己主观意愿的判断。这样收集到的质性数据更为客观，规避了访谈法的弊端。换句话说，Q方法在数据收集阶段就已经将量化方法和质性方法结合在一起了。不仅如此，Q方法在数据分析阶段也是同时进行量化分析和质性分析。量化分析体现在基于人的因子分析上。研究者通过Q方法数据处理软件（如PQMethod）对被试的Q排序结果（也称Q排序，Q sort）进行统计分析，包括提取因子、确定因子结构、构建因子序列（factor array）等（详见第四章）。质性分析体现在结果解读上。研究者会细读因子序列、制作因子解读备忘单，并据其进行因子描写，即轮廓呈现（详见第五章）。由此可见，在Q方法中量化数据与质性数据是整合的而非分离的，这十分便于研究者进行结果解读，不会出现量化研究结果与质性研究结果不对应的问题，因此增加了研究的可靠度和有效性，结论更令人信服。

综上所述，与以问卷调查法为代表的量化研究方法、以访谈法为代表的质性研究方法以及传统的混合研究方法相比，Q方法具有独特的优势：既有量化研究的客观性，又兼顾了质性研究的主观性。因此，Q方法可以帮助研究者更为深入地考察研究对象的主观态度结构。

1.6　应用语言学中的 Q 方法实例

目前应用语言学领域使用Q方法的研究逐渐铺开，研究主题涉及语言学习动机、语言学习者情绪、教师信念和情绪、语言政策等方面。以下举一些研究实例。

应用语言学领域较早采用Q方法的是学习者动机方面的研究（Caruso & Fraschini 2021；Irie & Ryan 2015；Zheng *et al.* 2019，2020）。例如，Zheng *et al.* (2019) 研究了自愿选择西语作为第三外语的英语专业学生和西语专业学生的多语言自我（multilingual selves），并使用Q方法分析出这两组学生的四种多语言自我轮廓：具备多语言姿态的自我激励、带工具动机的自我激励、带进取型工具动机的他者激励、带预防型工具动机的他者激励。从轮廓名称可见，这四种轮廓特征糅合了不同的动机类型，分析结果反映了被试群组内不同的动机组合。此外，Zheng *et al.* (2020) 使用Q方法在一年半的时间内收集了3次数据，对以西语为三语、参加了为期一个学期境外学习的15名学生的学习动机进行了跟踪研究。Peng & Wu（2024）采用 Q 方法，对西语专业大学一年级和二年级学生的学习动机进行了对比分析。可见，Q 方法同样适用于应用语言学领域常见的历时研究和比较分析。

Q 方法也应用于语言学习者的情绪研究（Fraschini 2023；Thumvichit 2024）。例如，Thumvichit（2024）使用 Q 方法探讨了在新型冠状病毒流行期间，泰国大学生线上学习过程中对外语学习愉悦的感受和观点。研究结果揭示了三种不同的观点："在这样的时期，我们需要老师的支持和善待。""我们可以自学任何东西。""我更喜欢和朋友一起学习，而不是独自学习。"第一种观点主要是与教师的特征和教学实践相关，而后面两种观点则分别指向学习者的自主性和社交体验。研究者指出，学习者关于在线学习中什么构成外语学习愉悦感的观点存在异质性，这一结果强调了开展在线教学应考虑不同因素的相互关系，以增强学生的外语学习愉悦感和学习成就感。

研究者也采用 Q 方法研究教师的信念、情绪等因素（Fraschini & Park 2021；Lu & Geng 2022；Yuan & Lo Bianco 2022）。例如，Yuan & Lo Bianco（2022）使用 Q 方法，探讨了澳大利亚中学汉语教师激励学生参与课堂活动的策略和教师信念。分析结果表明，被试群体呈现四种主要的信念：正统的以科目为中心的信念、渐进的以学生为中心的信念、培育式的促进努力型教师、权威的鼓励竞争型教师，该研究为英语环境下的汉语教学和教师专业发展提供了重要启示。Lu & Geng（2022）采用 Q 方法和访谈法研究了在国外任对外汉语教师的动机概况。研究发现了四种职业选择动机："自我奉献和社会贡献""个人效用""个人兴趣""个人追求和移民路径"。结果表明，具有强烈民族自豪感和社会责任感的教师选择职业主要是为了社会贡献，他们以个人兴趣、积极的态度和对职业的坚定承诺为动力。受个人功利驱使的教师、追求多样化生活经历或选择永久居留的教师更有可能将教授汉语作为一种手段，这可能会抑制他们对工作的决心和投入。该研究有助于更好地理解多语种对外汉语教师的主体性，并为中文教师的专业发展和国际中文教育的可持续性提供见解。

Q 方法也用于语言政策研究（Lo Bianco 2015；Vanbuel 2022）。例如，Vanbuel（2022）使用 Q 方法研究了比利时北部佛兰德斯地区语言教育政策的利益相关者（如教师、校长、研究者、教育部工作人员等）对当地语言政策的看法。分析结果揭示了四种不同的观点："我们要鼓励教师共同改进他们的做法""这是一种不同的思维方式，但我们／他们会欢迎支持""你只需要知道自己在做什么并展示出来""不要要求太多"。该研究通过探讨不同利益相关者对语言教育政策的解读，为未来制定政策时考虑如何应对本地需求提供了启示。

以上实例表明，Q 方法在应用语言学领域的应用很广，既可以采用横断面的研究设计，研究某个群体的观点或感受、进行群体之间的比较分析，也可以采用历时研究设计，对某个群体进行追踪研究，以获得对研究问题更为细致、严谨的发现。

1.7 Peng & Wu（2024）的研究实例

本书第二至五章以 Peng & Wu（2024）的研究为例介绍 Q 方法的研究设计、实施、数据分析和结果解读。为了便于读者理解后续章节，有必要在此介绍一下这项研究的背景和整体思路。这项研究的总体目标是描绘并分析西语专业大学生的西语学习动机轮廓，包括三个具体问题：(1) 西语专业一年级和二年级学生的动机轮廓是什么？(2) 这两个年级学生的动机轮廓有什么不同？(3) 这些不同的动机轮廓可能受到了哪些因素的影响？这三个具体问题之中，第一个研究问题需要使用 Q 方法来解决。下面详细介绍这项研究的相关背景和研究思路。

为了描述动机轮廓，研究者需要一些动机描述语；这些描述语可以源自被试本身，即由被试自己撰写并提交给研究者。此外，描述语还可以来自以往研究；Peng & Wu（2024）便采用了这种方案——从 Dörnyei（2005）和 Lanvers（2016）的研究中选取、设计、修改描述语。最终，Peng & Wu（2024）以他者／应该、他者／理想、自己／应该、自己／理想、学习经验五个范畴为框架，共梳理了 47 条动机描述语。具体过程如下：

首先，她们回顾了近年来 Dörnyei 的二语自我动机系统（L2 Motivational Self System，L2MSS）理论的发展和相关研究。该理论由 Dörnyei 于 2005 年提出。他从自我认同的角度对动机研究框架进行了重新定义。这种新框架把学习者对未来自我的愿景作为二语学习的发展目标，使学习者通过对比自身现状与未来目标的差距来激发学习动机。L2MSS 是近些年来二语动机理论的新发展，它是基于 Higgins（1987）的自我差异理论和 Markus & Nurius（1986）的可能自我理论发展而来的。L2MSS 包括三个维度：理想二语自我（ideal L2 self）、应该二语自我（ought-to L2 self）和二语学习经历（L2 learning experience）。理想二语自我是指个体未来渴望成为的与二语相关的自我形象。应该二语自我是指个体认为自己应该具有的形象，以便履行某些责任和义务或避免负面结果。二语学习经历是指学习者对其学习环境的看法。Dörnyei（2020）将二语学习经历定义为反映学习者对自己在学习过程中与各个方面（例如教师、同伴、学习任务）互动质量的感知。虽然二语学习经历这个组成部分十分重要，但对它的研究最少（Mendoza & Phung 2019）。

Peng & Wu（2024）上述有关 L2MSS 的论述旨在为自己的动机研究奠定理论基础。她们介绍了这个动机理论模型之后，便指出该模型的组成部分之一——二语学习经历的定义发生了一些变化，且相关研究最少。这就为她们进一步研究二语学习经历奠定了基础。正因如此，Peng & Wu（2024）的动机描述语框架融入了学习经历这个范畴。

接下来，Peng & Wu（2024）继续对 L2MSS 的过往研究进行评价，指出过往研究（Lanvers 2016；Papi et al. 2019）的两点不足。第一，现有的测量工具没有充分体现立场（standpoints）。Papi et al.（2019）指出，Higgins（1987）的自我差距理论从两个立场——自己立场（Own）和他者立场（Other）——描绘了个体的自我表征。但是，目前测量理想二语自我的量表项目只体现了自己立场，没有体现他者立场。第二，现有的测量工具没有充分体现调节定向（regulatory focus）。根据 Higgins（1997）的理论，理想二语自我具有促进调节定向（promotion regulatory focus）的特征，应该二语自我具有预防调节定向（prevention regulatory focus）的特征。这两种调节定向代表了与期望达到的目标相关的两种自我调节方向，前者指向抱负和成就，后者则与责任和安全有关。但是，目前大多数测量应该二语自我的量表项目没有充分体现预防调节定向。因此，Papi et al.（2019）提出并验证了自己的模型。这个模型包含两种自我类型（理想二语自我和应该二语自我）与两个立场（自我立场和他者立场）。类型与立场相交，构成了与实际自我不同的四种情形：自我立场的理想二语自我、他者立场的理想二语自我、自我立场的应该二语自我、他者立场的应该二语自我。Lanvers（2016）也持类似观点，提出了与实际自我相冲突的四种未来状态：他者对应该自我（Other/Ought，他者/应该）的看法、他者对理想自我（Other/Ideal，他者/理想）的看法、自己对应该自我（Own/Ought，自己/应该）的看法、自己对理想自我（Own/Ideal，自己/理想）的看法。这四种状态分别代表个体在遵循他人的期望和响应某种责任的程度（他者/应该）、他者对学习者个体成功的信念（他者/理想）、个体对自己的个人需要和责任的敏感度（自己/应该）以及个体对未来的积极愿景（自己/理想）。Lanvers（2016）还强调，这四种状态反映了从外部动机到内部动机的一个连续体。根据Lanvers（2016）的观点，他者立场不仅包括一般意义上的人（如父母），还包括更广泛的社会环境。教育通常还被认为与社会阶层、自我修养和家庭成功相关（Huang & Gove 2015）。因此，这意味着个体的信仰或抱负不可避免地会与其家庭紧密关联，家庭期望乃至国家责任常常体现在学习者的应该自我形象之中（Huang *et al.* 2015）。

Peng & Wu（2024）介绍其他学者对L2MSS不足之处的论述也是在为自己的研究奠定理论基础。他人的研究拓展了L2MSS的研究，突出了立场和方向这两个维度。根据这两个维度的内部要素，其他学者概括出四种动机自我状态。Peng & Wu（2024）便根据这一框架的维度收集或撰写动机描述语。

Peng & Wu（2024）的做法值得借鉴。这是因为她们为自己的研究奠定了理论基础，为后期讨论自己的研究发现做好了理论准备。假如她们不考虑前人已有的动机研究框架而完全另起炉灶自行设计动机描述语并进行Q方法分析，那么，即便她们后期勾勒出一些动机轮廓也很难解释它们。不仅如此，通过这种方法得到的研究结果很难与前人的研究形成对话，也就是说，这些发现很难纳入已有的研究，难以说明自己对动机研究领域的贡献，这样研究就失去了意义。Peng & Wu（2024）没有这样做，而是谨慎地吸收前人的研究成果，并根据前人已有的研究框架设计自己的研究框架。这样一来，自己的研究就可以与前人的研究形成呼应，可以看到它们之间的相同之处和不同之处。相同之处可以进一步支持已有理论体系，不同之处很可能是Peng & Wu（2024）新的学术贡献，更有价值。Peng & Wu（2024）不仅借鉴了前人的研究，而且还根据自己的研究问题设计了其他描述语。由于她们研究的内容是关于西语学习的，所以她们还加入了对西语态度的描述语、对西语文化兴趣的描述语、有关西语学习努力程度的描述语。她们自己添加的描述语与前人研究得到的描述语共同构成了初始描述语库，为她们设计该研究中最终使用的动机描述语奠定了基础。

Peng & Wu（2024）的研究还包含另外两个研究问题，即本小节第一段提及的第二、三个研究问题。这两个问题与Q方法没有直接关联，仅在此介绍她们的研究发现。就西语专业一年级学生和二年级学生的西语学习动机轮廓差异而言，一年级学生的动机轮廓更关注自我立场，而二年级学生的动机轮廓同时具有自我立场和他者立场。一年级学生的动机轮廓突出之处是呈现了与理想自我相关的动机（自己 / 理想）、与应该自我相关的动机（自己 / 应该）、反映了他者立场的动机（他者 / 应该）。二年级学生的动机轮廓一个偏向"自己 / 理想"的指导，另一个更偏向"他者 / 应该"的指导。研究发现，西语专业一年级学生表现出了多样化的动机特征，二年级学生的动机轮廓逐渐分化为两种主要类型："自己 / 理想"和"他者 / 应该"。就两个年级学生动机轮廓差异的原因而言，Peng & Wu（2024）通过对访谈数据的质性分析发现，课堂经验和数字环境中的西语使用情况可能是两个重要的因素。

上述内容旨在介绍 Peng & Wu（2024）的研究在确定研究框架时所进行的论证，以便读者理解后续章节内容。此外，Peng & Wu（2024）在论证自己研究的必要性时所采用的方法也值得借鉴。读者可能会想，Peng & Wu（2024）为什么要研究西语学习动机而非英语学习动机呢？为了回应读者疑问，Peng & Wu（2024）回顾了非英语语言（languages other than English，LOTEs）学习动机的研究近况。她们指出，近年来关于 LOTEs 学习动机的研究日益增多（如 de Burgh-Hirabe 2019；Gao & Zheng 2019；Huang *et al.* 2015）。研究表明，文化兴趣、对未来职业前景的考虑以及社会环境的影响均是学习者学习 LOTEs 的主要原因。还有研究关注了 LOTEs 学习者对未来自我形象的愿景。例如，Lu *et al.*（2019）和 Zheng *et al.*（2019）探讨了中国大学生的西语学习动机，并将其与他们的英语学习动机进行了对比。Lu *et al.*（2019）在 17 名西语专业学生中发现了两种动机轮廓：英语优先的多语言学习动机（即偏好英语型）和强烈的西语学习动机（即偏好西语型）。此外，Zheng *et al.*（2019）还发现，选择西语作为第三语言的英语专业学生的西语学习动机属于自我激励型，具有工具性或多语言姿态特征，而西语专业学生的学习动机则是他者激励型，带有促进定向或预防定向的工具性特征。Wang & Liu（2020）从理想二语自我的角度出发，通过向被试呈现近龄榜样（near peer role models，NPRMs），即邀请已经毕业的LOTEs学习者讲述自己的故事，对17名学习法语的英语专业学生的法语学习动机进行干预。结果表明，学生的理想LOTEs自我和多语言自我得到了加强。Wang & Liu（2020）指出，近龄榜样为学习者展示了可实现的榜样例子，体现了LOTEs学习的价值，激发了学生的想象力。这一发现也支持Dörnyei（2020）的观点，即近龄榜样对二语学习动机具有促进作用。

通过回顾LOTEs学习动机的过往研究，Peng & Wu（2024）回应了读者疑惑，并指出有关LOTEs学习动机的研究是近期的一个学术热点。已有研究关注西语学习动机和法语学习动机，并且将二者与英语学习动机进行对比。但是Peng & Wu（2024）发现，目前对LOTEs学习者学习动机的变化研究依然较少（Wang & Liu 2020；Zheng *et al.* 2020），且尚不清楚各个年级的LOTEs学习者的学习动机是否存在差异；如果存在差异，那么产生这些差异的因素也未可知。此外，中国大学LOTEs专业的学习者往往是零基础开始学习这些语言（Han *et al.* 2019），他们的学习时间短、学习负担重、学习要求高；他们在学习过程中面对的挑战与英语专业学生存在差异，因此特别有必要考察LOTEs学习者的学习动机。通过以上论证，Peng & Wu（2024）最终提出，她们的研究基于Dörnyei（2005）的L2MSS理论以及Lanvers（2016）的理论，以他者/应该、他者/理想、自己/应该、自己/理想四种动机特征为基础，同时增加对学习经历的关注，研究西语专业学生的西语学习动机轮廓，并对大一和大二两个年级学生的动机轮廓进行对比分析，以便探寻两者是否存在差异并分析出现差异的原因。

通过对Peng & Wu（2024）研究的分析，读者可以得到以下启发。研究问题是一项研究的核心，只有先确定研究问题才能考虑研究方法。研究问题的确定要综合考虑前人研究成果。Peng & Wu（2024）发现前人对L2MSS的态度不一，且对二语学习经历的关注不足，所以她们提出的研究问题将这一点考虑进来，拟通过自己的研究再次讨论二语学习情境在动机轮廓中的表现。她们还发现前人的研究较多涉及英语学习动机轮廓，但较少涉及 LOTEs 学习动机轮廓。因此，她们将研究焦点放在西语学习动机轮廓上。近年已有研究涉及西语学习动机轮廓，如果还进行同类研究，那么学术意义就不大了。为此，Peng & Wu（2024）进一步指出，有关 LOTEs 学习动机轮廓研究中，虽有语种对比研究，但鲜有年级对比研究。所以，她们提出的研究问题中包含了一年级和二年级学生的西语学习动机轮廓的对比研究，并尝试对可能出现的差异进行解释。Peng & Wu（2024）的研究问题需要勾勒 LOTEs 学习者的动机轮廓，所以她们需要采用 Q 方法来进行研究。也就是说，她们的研究问题决定了需要采用何种研究方法。

通过 Q 方法回答这些研究问题是具有学术价值的，因为其结论可以为西语教师提供启发。事实上，她们的研究的确发现一年级学生和二年级学生的西语学习动机轮廓不同。这就说明，面向一年级学生教学的老师和面向二年级学生教学的老师应该采取不同的动机调控策略引导学生，这样教学才更有针对性。

练习一

1. 量化研究方法和质性研究方法背后的本体论、认识论分别是什么？

2. 为什么说 Q 方法本质上是一种混合研究方法？

3. 与应用语言学常用的问卷调查法和访谈法相比，Q 方法有什么优势？

第二章　Q 方法的研究设计

本章主要介绍 Q 方法的研究设计，即实施 Q 方法前的准备工作，包括四个方面：研究问题描述、构建观点汇集（concourse）、确定 Q 样本、选取 P 样本。以下分别介绍这四个方面，并以相关研究论文作为示例。

2.1　研究问题描述

在实证研究中，清晰描述研究问题是非常重要的一步。Q 方法研究者需要确定研究目的，采用相关理论视角，系统检索文献，界定研究空白，进而确定研究问题。在撰写 Q 方法的研究问题方面，可以参考质性研究的范式。根据 Creswell & Creswell（2022）的建议，质性研究中研究问题的撰写有以下几点值得参考：（1）以"什么"或"如何"开始一个研究问题，体现质性研究的开放性和涌现性的特征。（2）将核心问题或概念写入研究问题。（3）使用表示探索性的动词，如"报告""描述"等，避开使用量化研究中带方向性的词语，如"影响""决定"等。（4）研究问题一般包含研究对象或研究地点等信息。以上原则基本适用于撰写 Q 方法的研究问题。此外，因为 Q 方法的核心操作是基于人的因子分析，所以要提出对应的研究问题，如"……有什么特征？"。

以下列举一些 Q 方法研究论文的研究问题：

例 1

一年级和二年级的西语专业学生的动机轮廓是什么？（Peng & Wu 2024：1941）

例 2

促使中国大学生自愿选择学习西语作为第三语言的初始因素是什么？他们的多语言动机轮廓是如何变化的？（Zheng *et al.* 2020：785）

例 3

意大利语为二语的学习者如何看待自己的未来？换句话说，他们所期望的未来二语自我意味着什么？（Caruso & Fraschini 2021：556）

例 4

大学生参与外语移动学习的类型特征有哪些？（景飞龙 2020：81）

以上例子中，研究问题里基本使用了"什么""哪些""如何"等词语，这些开放性的表述体现了 Q 方法诱导主观观点浮现的原则。此外，可以在 Q 排序后邀请部分研究对象参与访谈，以辅助对 Q 分析结果的解读。研究者也可以通过访谈，探寻能够解释 Q 排序结果的原因，在这种情况下，访谈数据通常指向新的研究问题，如"促成不同动机轮廓的因素是什么？"。

2.2 构建观点汇集

Q 方法研究设计阶段的第一步是收集关于研究主题的观点陈述，构建观点汇集。观点汇集指就某个研究主题人们所持的各种观点的集合，是后面确立 Q 样本的基础。因此，Q 方法中观点汇集之于 Q 样本，如同量化研究中总体或抽样框架之于样本。

观点汇集可以通过多种渠道来收集，如现有文献、前人研究的问卷、访谈、媒体报道等。需要注意的是，观点汇集的内容和范畴是什么，取决于具体的研究目的以及研究问题。构建观点汇集的主要原则是充分性和全面性，应涵盖不同的意见和看法，而不能偏向单一的观点。构建观点汇集的过程，还可以邀请相关领域的专家或研究对象给予意见或反馈。比如，Peng & Wu（2024）的主要研究内容是西语专业大学生的西语学习动机，研究初期构建观点汇集的过程可描述如下：

例 5

在本研究中，观点汇集的陈述来自于文献中二语动机自我系统理论的若干测量量表、西语学习动机研究文献中关于进取型工具动机和预防型工具动机的量表，也包括文献中调查关于当前二语自我、对二语和二语族群的态度、对二语文化的兴趣、二语学习努力程度等因素的项目，将项目中相应的"二语"改为"西语"，构建了120多条的观点汇集。

此外，观点汇集虽然多以陈述语句为主，但也可以采用图片、卡通画、色彩、音乐等方式（McKeown & Thomas 2013）。例如，Milcu *et al.*（2014）的研究基于特定背景，即特兰西瓦尼亚（位于罗马尼亚中部以西地区）有着多样的自然和文化景观，但是面临着选择发展道路的困境（是逐利而使土地市场自由化，还是选择可持续性、保护景观及景观多功能的原则），使用了33张特兰西瓦尼亚的景观图片，识别出对当地景观及其景观改造目的持相似观点的五个群组，分别反映研究对象对五种景观的偏好：繁荣和经济增长的景观、传统和平衡的生活方式的景观、人文景观、农业景观、自然景观。可见，语言和非语言模态的观点汇集均可应用于Q方法。

2.3　确定Q样本

Q样本指从观点汇集中选取的有代表性的陈述，用于研究对象的Q排序。Q样本项目的数量一般介于40—80条（Watts & Stenner 2012），数量太少可能无法涵盖各种观点，太多则增加Q排序的复杂度。

基于观点汇集选取Q样本，应遵循全面性、异质性、代表性的原则（冯成志、贾凤芹 2010），相当于量化研究中要从总体中抽取有代表性的样本。具体操作上，可以根据研究问题制订计划，先确定Q样本所要涵盖的观点类型，再从观点汇集中选取相应的项目。

例如，Peng & Wu（2024）的研究以 Dörnyei（2005）的二语动机自我系统为理论框架，研究西语专业学生的动机轮廓。根据该理论及相关研究，确定了Q样本要涵盖以下五个主题的内容：（1）二语动机自我系统的三个维度（理想二语自我、应该二语自我、二语学习经历），（2）当前二语自我，（3）对西语的态度，（4）对西语文化的兴趣，（5）西语学习努力程度。在研究初期建构的120多条观点汇集的基础上，通过对文献的进一步梳理并根据具体的研究问题，确定了 Q 样本的 47 条陈述，如表 2.1 所示（具体陈述语句见第四章表 4.1）。

表 2.1 Peng & Wu（2024）的 Q 样本组成

主题	下位概念	项目数	题项
二语动机自我系统	理想二语自我	8	7、13、17、20、25、29、34、45
	应该二语自我	11	1、4、8、9、14、18、21、24、30、36、37
	二语学习经历	9	2、5、12、15、16、19、22、26、39
当前二语自我	无	2	11、41
对西语的态度	对西语的评价	5	3、28、32、35、40
	对西语的接触	2	42、44
	对西语族群的态度	3	27、38、46
对西语文化的兴趣	无	2	10、43
西语学习努力程度	无	5	6、23、31、33、47

此外，如果研究倾向于探索未知话题，没有确定的理论框架，研究者可以根据研究问题，依据自己的研究计划确定 Q 样本。例如，Brown（2019）以一首诗歌为例，通过 Q 方法探讨被试在两个方面的观点：(1) 对该诗歌的评价（包含"正面""负面""混合"）；(2) 常见的理解障碍（包括"情感反应恰当与否""诗歌技巧""感觉/明确表达的意思"）。据此确定，Q 样本包含"评价"和"理解障碍"这两个主题，分别有三个水平（见表 2.2），一共有 9 个组合（即 ad, ae, af, bd, be, bf, cd, ce, cf），如果研究者决定每个组合包含 3—4 条项目，则 Q 样本大概包含 30 条陈述。

表 2.2 研究对诗歌的理解的 Q 样本结构（译自 Brown 2019：567）

效果	水平			数量
(A) 评价	(a) 正面	(b) 消极	(c) 混合 / 均非	3
(B) 障碍	(d) 情感	(e) 诗歌技巧	(f) 感觉 / 意图	3

关于如何撰写 Q 样本的陈述语句，可以参考调查问卷项目的撰写规则。其中，应注意避免以下几种情况（Watts & Stenner 2012）：（1）避免使用双重陈述，如"我认为西语很有趣但是很难学"这个句子，就包含双重意思，如果研究对象认同其中一个方面（"很有趣"），但是不认同另外一个方面（"很难学"），则无法依据这条陈述表达自己的观点。（2）避免使用专业术语，除非明确知道研究对象具有相关的专业背景知识。例如，对"使用视听法教西语很有成效"这条陈述，如果研究对象是大学生，可能会不理解"视听法"这个术语，因而无法确定自己该肯定还是否定这个观点。（3）避免使用模糊的修饰语，因为模糊的修饰语会造成研究对象对同一陈述理解上的偏差。例如，"我常常朗读西语课文"这条陈述中，"常常"所表达的意思模糊，不同的研究对象对其的理解会不一样。（4）避免使用否定表达式，因为研究对象需要通过双重否定的思维才能表达其肯定的观点，会给 Q 排序带来不便。例如，类似"我并不认为西语难学"这样的否定句式，读起来较为费劲，如果替换为"我认为西语容易学"这一肯定表达，研究对象能更快理解句意。最后，传统的心理测量项目是对研究对象所表达的观点进行量化，因此强调测量项目的一致性信度和效度，而 Q 样本的项目旨在为参与者表达他们的观点提供一种媒介，因此，Q 样本可以包含比常规量表更具挑战性的项目（Watts & Stenner 2012）。

研究论文中，一般在描述了观点汇集的构建过程后，需要汇报研究所确定的 Q 样本。Peng & Wu（2024：1942-1943）的文章中，关于 Q 样本的描述如下：

例 6

总共选取了 47 条陈述，用以反映理想自我、应该自我、当前自我、学习经历、努力程度、对西语的接触和态度。根据相关文献或第二作者的翻译确定了这些陈述的相应中文表述。

首先，研究者使用这些陈述，在10名以西语作为第三语言的英语专业学生中进行了预研究。邀请这些学生完成Q排序，并对Q样本的陈述给予反馈，根据反馈对若干意思模糊的语句进行了修改。然后邀请一位翻译领域的资深教授检查了中文翻译的准确性，并根据该教授的反馈和建议进一步修订中文陈述。此外，根据预研究学生的强烈建议，主研究中使用了这些陈述的双语版本。

2.4 选取P样本

确定了Q样本后，需要选取P样本（P set），即研究对象。如前所述，R方法的探索性因子分析常以特征（如量表项目）为变量，而Q方法以研究对象为变量，研究对象就称为P样本（P可以理解为person）。因此，Q方法不需要大量的研究参与者，也不要求使用R方法的随机抽样。相反，Q方法研究中，P样本的选取需要有策略性，选取与研究主题有关联的样本，特别是对研究主题感兴趣、有热情并有自己明确观点的人（Watts & Stenner 2012）。

关于P样本的数量，Q方法也不同于R方法。传统的因子分析对样本量的要求较高，而Q方法是倒置的因子分析，以人作为分析的变量，侧重呈现群组观点。因此，如果说R方法的因子分析，要求研究对象与项目数量的最低比例为2∶1，将这一标准应用在Q方法中，则项目与研究对象数量的最低比例为2∶1。例如，Q样本数量为60的话，则最多不超过30名研究参与者。但是，这只是一个参考原则，不同学科和学术期刊对P样本数量的要求不一样。Watts & Stenner（2012）提出，大致的准则是P样本量不能大于Q样本量；在英式传统的Q方法研究中，40—60名参与者通常被认为是足够的。

应用语言学的Q方法研究中，P样本的数量也通常少于60，表2.3列出部分论文的研究主题和P样本量，供读者参考。

表 2.3　应用语言学领域使用 Q 方法的若干研究的 P 样本信息

作者	研究主题	研究对象	P 样本量
Caruso & Fraschini 2021	二语自我的愿景（visions）	将意大利语作为二语学习的澳大利亚大学生	34
Ding *et al.* 2023	教师倦怠与韧性	中国高中英语老师	40
Lu *et al.* 2019	西语作为外语的学习动机	以英语为二语、以西语为专业（L3）的中国大学生	17
Peng & Wu 2024	西语作为外语的学习动机	以西语为专业的中国大学生	47
Irie & Ryan 2015	二语自我概念的动态变化	日本大学生	19
Yuan & Lo Bianco 2022	激发汉语为二语的学生学习投入的策略	教澳大利亚中学生学习汉语的教师	25
Zheng *et al.* 2019	多语学习动机	以英语为专业、以西语为三语（L3）的中国大学生；以及以西语为专业的中国大学生	20；17
Zheng *et al.* 2020	多语学习动机的演变	以英语为专业、以西语为三语（L3）的中国大学生	15
景飞龙 2020	外语移动学习参与度	中国高校大学生	30

　　Q 方法研究论文中，对研究对象信息的汇报同样遵从实证研究论文的范式，介绍研究对象的基本信息如性别、年龄、教育背景等，通常要介绍研究场域，以便读者了解开展研究的背景。Peng & Wu（2024：1942）的研究招募了某大学当时所有的西语专业学生，因此 P 样本的选取流程较为简单，文章关于 P 样本信息的描述如下：

　　例 7

　　　　该研究在中国南方的一所大学进行。该大学于 2019 年开设了西语专业并正式招收西语专业学生。这所大学的所有西语专业学生（共 47 人）

参与了这项研究。其中27位参与者是大学一年级学生（A组），20位是大学二年级学生（B组）。他们中绝大多数在高中没有学过西语，并且是自愿选择西语作为他们的专业。表1是两组学生的人口统计信息。

本章介绍了Q方法研究准备阶段的四个步骤，包括如何描述研究问题、如何构建观点汇集、如何确定Q样本、如何选取P样本等，并且以部分研究论文作为示例，汇报这些步骤的写作范式。从第三章起，将以Peng & Wu（2024）论文中的部分数据，详细介绍Q方法的实施、数据分析和结果解读。

练习二

1. Q方法的研究问题通常会使用什么样的动词？
2. 构建观点汇集的渠道有哪些？
3. 为什么说Q方法是倒置的因子分析方法？
4. Q方法中选取P样本有哪些参考原则？

第三章　Q 方法的实施

第二章介绍了 Q 方法的研究设计，本章着重介绍 Q 方法的实施过程，虽然对项目的判断通常也采用类似问卷调查中的李克特量表的刻度特征（如从"最不同意"到"最同意"），但是 Q 排序不同于常见的问卷调查，因此研究者尤其需要重视在排序前对研究对象的指引。本章内容包括准备 Q 卡片和 Q 排序量表，以及开展 Q 排序的方式和步骤。

3.1　准备 Q 卡片和 Q 分类量表

在实施阶段，开始数据分析之前，研究者需要准备好 Q 排序所需要用到的工具：Q 卡片（Q card）和 Q 分类量表（Q grid）。Q 卡片指打印了 Q 样本陈述项目的卡片，每张卡片上打印 1 条陈述及其编号（见图 3.1）。类似于常见的调查问卷，如果 Q 样本源自英文文献，需要将每条陈述翻译为中文。根据研究对象的特征，可以在 Q 卡片上打印中文陈述，也可以打印中英双语的陈述。

为了增加 Q 排序的操作便利性和趣味性，建议使用具有一定硬度的卡片，卡片大小则要根据陈述项目的数量合理设计，一般来说，长 5—6 厘米，宽 2—3 厘米为宜（Watts & Stenner 2012）。诚然，卡片的设计需根据研究的具体情况决定，如 Peng & Wu（2024）的研究使用了双语设计，因此卡片大小为 5×5 厘米。

Q 卡片的设计确定后，研究者根据研究对象的数量，打印相应数量的一整套 Q 卡片，以便每位研究对象都能拿到一套 Q 卡片进行排序。

图 3.1　Q 卡片示例

Q分类量表是指在一张大纸上打印的量表（见图3.2），该量表从最左到最右分别代表"最不同意"到"最同意"，量表格数对应Q样本的数量，中间类别的语句数量最多，分别向两端递减，以刻度为0的一列为中心轴，两边对称，形成类似倒置的正态分布的形状。

量表的级数（如13级或11级）由研究者确定。根据Watts & Stenner（2012）的建议，Q样本的陈述数量为40或以下时，使用9级量表（–4到+4）；陈述数量介于40到60之间，使用11级量表（–5到+5）；陈述数量为60或以上时，使用13级量表（–6到+6）。

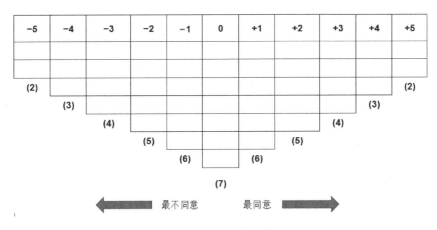

图3.2 Q分类量表

Q分类量表用于研究对象在进行Q排序时，根据自己对Q卡片上陈述的同意程度，将Q卡片放置在Q分类量表上，因此，需要将该量表打印在足够大的纸片或卡片上，量表里的每个格子的大小应能放置Q卡片。因此，在打印Q分类量表前需要准确计算尺寸。例如，如图3.2所示，对于11级的量表（–5到+5），如果有47个项目，每张卡片尺寸为5×5厘米，则Q分类量表的大小至少：长为55厘米（5×11厘米），宽为40厘米（5×8厘米）。Peng & Wu（2024）的研究中Q分类量表尺寸为58 × 42厘米。

此外，研究者需要将Q分类量表打印在一张A4纸上，提供给每位研究对象，当研究对象完成排序后，根据自己在Q分类量表上的排序结果，将每条陈述的编号誊抄在A4纸的Q分类量表上。A4纸上须要求研究者填上姓名（或研究者提前赋予的代号），以便进行数据分析。同理，打印了 Q 分类量表的大纸片和 A4 纸的数量均须对应研究对象的数量。

3.2 线下 Q 排序

前期工作完成后，就可以邀请研究对象进行 Q 排序。一般开展 Q 排序的场所需要有足够的空间，尤其是要有可以平铺放置 Q 分类量表的桌子或其他空间。进行排序前，研究者需要向研究对象详细说明操作步骤。具体包括以下步骤。

（1）研究对象通读每张卡片，根据自己对每张卡片陈述语句的同意程度，将卡片分为三堆，将自己倾向同意的放在右边，倾向不同意的放在左边，持中立态度或暂时无法判断的放在中间。

（2）将右边倾向同意的 Q 卡片，逐一从分类量表的右侧放入；再将左边倾向不同意的 Q 卡片，逐一从分类量表的左侧放入；最后将中间的卡片放入量表剩下的中间位置（见图 3.3）。同时，须提醒研究对象，Q 分类量表上，同意程度由左到右横向递增，而同一列纵向空格则没有程度高低之分。排序过程中可以动态调整卡片的位置。

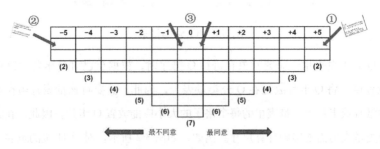

图 3.3　Q 排序的顺序图示

（3）Q 分类量表的格子放满后，研究对象根据分类量表所呈现的结果，将各个 Q 卡片的编号对应誊抄在分类量表中，签上姓名或代号，Q 排序完成。每位研究对象的排序结果就形成了一套数据，称为 Q 排序结果，研究者据此录入软件，然后进行分析。研究者应提示研究对象在递交 Q 排序结果前做仔细检查，以防在誊抄过程中出错，并核对个人信息是否填写完整。

由于研究对象对这些流程大多不熟悉，研究者需要给予较为细致的指引，图 3.4 是 Peng & Wu（2024）的研究中给予参与对象的现场指引：

这次操作分三步：

第 1 步：

　　大家手上拿到的是 47 张卡片，每张写有一句话，请大家仔细阅读每一张卡片，根据自己对每张卡片上的话的同意程度，把卡片分别放入右、左、中三堆。右边那堆放你倾向同意的，左边放你倾向不同意的，中间放你持中立态度的。每一堆的卡片数量不限。

　　大家在将卡片分堆归类时凭第一感觉来做就行，不需太犹豫，后续还可做调整。

第 2 步：

　　把卡片放置在一张排序表中。这个排序表最上方的数值表示同意程度。+5 表示最同意，-5 表示最不同意。同意程度由左到右横向递增，而同一列纵向空格则没有程度高低之分。每个格子只能放一张卡片。

　　请大家先将右边那堆觉得同意的卡片按照同意程度从排序表右侧放入。接下来将左边那堆觉得不同意的卡片按照不同意的程度从排序表左侧放入。最后将中间那堆卡片同样按照同意或不同意的程度放入排序表剩下的中间位置。

第 3 步：

　　请大家根据现在大卡纸上所呈现的排序结果，将卡片上的数字填入 A4 纸上表格对应的位置中。

图 3.4　Q 排序指引示例

3.3　网络应用：线上 Q 排序 / 分析

随着 Q 方法的不断推广，出现了若干适用于在线 Q 排序的工具，如 Q Method Software、Q-sort Application、Q-sortware、Q-Assessor 等；有些工具如 Q Method Software、Q-sortware 等同时具备在线排序和数据分析的功能。近几年采用线上 Q 排序的研究（如 Fraschini & Park 2021）和使用网络应用程序进行数据分析的研究（Pan & Lei 2023）渐增。线上排序具有一些优势，如数据收集更为便捷，不受地、时间的限制，大大降低研究的成本，能够为研究对象提供便利。以下简单介绍三种较为常用的在线 Q 排序分析工具。

Q-sortware（https://qsortware.net/，2024 年 9 月 20 日读取）是一款免费的线上排序工具，操作较为简单，排序界面较为友好。图 3.5 是 Q-sortware 的主界面，研究者需要先注册账号，然后登录。[1]

1　Q-sortware 的操作示例，详见本书配套视频，网址：https://heep.fltrp.com/book/detail?id=4045

图 3.5　Q-sortware 的主界面

图 3.6　Q-sortware 操作界面

登录后进入 Q-sortware 的操作主界面，包括"通过邮件邀请参与对象""创建 / 编辑 / 查看 / 取消 Q 排序程序""登出"三大图标（见图 3.6），点击"通过邮件邀请参与对象"，则可以通过邮件向参与对象发送邀请，并勾选研究者已经设置好的 Q 排序项目的链接（见图 3.7），随邮件发送给受邀的研究对象。

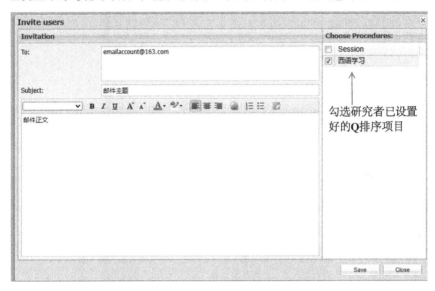

图 3.7　Q-sortware 邀请参与对象的界面

点击"创建 / 编辑 / 查看 / 取消 Q 排序程序"（见图 3.6），则进入项目设置。在 Q-sortware 中，项目称为程序（procedure）。首先点击图 3.8 中的 Add Procedure（添加程序），在打开的窗口中填上项目名称和标题，保存后选中该项目名称，点击 Edit Procedure（编辑程序），进入项目的设置。

进入项目设置后，点击 Test（测试）上面的 Add（添加），可以添加整个调查项目的内容，调查项目的各个组成部分都称为"测试"。Q-sortware 共提供四个界面，如图 3.9 所示。打开 QSort Test 界面可创建 Q 陈述和 Q 排序量表，Likert Test 用于创建李克特量表类型的项目，Input Screen 用于创建人口统计信息（如性别、年龄、学校类型、年级等）的问题或其他开放式问题，Splash Screen 则用于研究者编写任何类型的文本。研究者可以先选择 Input Screen，设置好需要收集的研究对象的相关信息，在此不做赘述。

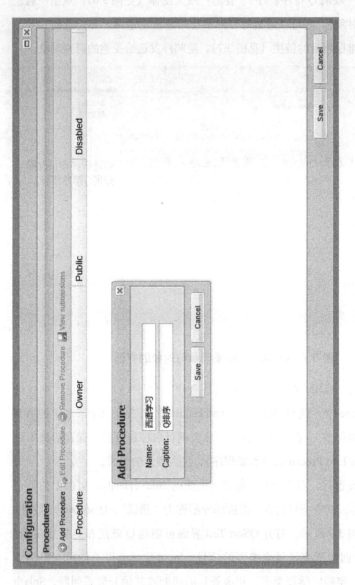

图 3.8　Q-sortware 创建项目界面

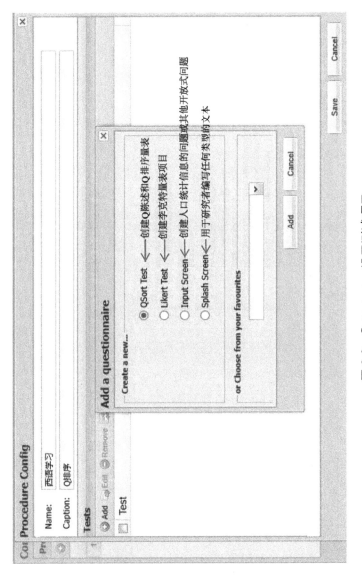

图 3.9 Q-sortware 设置测试项目

Add QSort Test

Test Name

Initial Sort Help

Tahoma | 2 | B I U A´ A´ A · ✐ · ☰ ☰ ☰ ☰ ☰ ☰

大家将会看到47个句子，请大家将每个句子内容的同意程度，把这些句子分别放入右、左、中间的框里，左边位置代表最不同意的，中间放在持中立态度或感到不能确定的，每一列的句子数量不限，大家在各句子旁边的方框里做勾选，后述后可做调整。

Boxes

⊕ Add ⊖ Remove

	Box	Items number	Score	Initial sort
1	不同意	1	0	☑
2	中立	1	0	☑
3	同意	1	0	☑
4	最不同意	2	-5	
5	非常不同意	3	-4	
6	比较不同意	4	-3	
7	稍微不同意	5	-2	
8	略微不同意	6	-1	
9	中立	7	0	
10	略微同意	6	1	
11	稍微同意	5	2	
12	比较同意	4	3	
13	非常同意	3	4	
14	最同意	2	5	

Main Sort Help

Tahoma | 2 | B I U A´ A´ A · ✐ · ☰ ☰ ☰ ☰ ☰ ☰

大家现在会看到下面的11组，从左到右分别代表着从0到3的6个47个句子的同意程度，最右边一栏表示最同意，同意程度使用左到右递增加速度，而同一栏里不同意程度划分区分。请大家将右边左右各位置代表的区分，接下来将右左边是觉得不同意程度的句子按照不同意程度的句子放入该位置。那些将句子同列按照相同意或不同意程度就放入最左侧放入，最后将各种间那些将句子同列样按照同间的的程度放入下面空格的中间位置。

Cards

⊕ Add ⊖ Remove

	Card
1	学习西语对我很重要，假若我不了解西语，别人会认为我缺乏学习能力。
2	我最喜欢和西语老师一起的练习。
3	我不作业缺少一定要把西语量交的地方讲明白。
4	学习西语很有必要，因为身边别人都知道我会说什么。
5	我的西语老师在我的学习上经常检查我们有用的反馈。
6	我需要花太量的时间学习西语。
7	我可以想象到自己能流畅地西语他西语别人交流。
8	我一定要学好西语，不然会影响我很好成就。
9	我一定要学习西语，不然父母会对我很失望。
10	我最喜欢西语电影。
11	我的西语到时了，感到很高兴。
12	我的西语老师在上课风格很灵活有趣。
13	我常常要听更多的西语里需要更多我使用西语的。
14	我会努力学好西语，因为我将来想考取西语等级书来证明我的西语水平。

Save | Cancel

图 3.10 Q-sortware 设置 Q 陈述和 Q 排序量表

选择 QSort Test，则进入 Q 陈述和 Q 排序量表的设置。如图 3.10 所示，左边用于设置两轮排序的排序量表，右边用于输入 Q 陈述，在上面的界面分别输入排序的操作指引。在左边的 Box 位置，第 1—3 行（Box）用于设置初始排序的栏目，即先请研究对象根据自己对 Q 陈述项目的同意程度，分为三栏，因此项目数量（Items number）不需要修改默认值 1，得分（Score）也不需要修改默认值 0，但需要勾选右边的初始排序（Initial Sort）。接下来根据研究设定的排序量表的结构（如本书介绍的研究采用了 –5 到 +5 共 11 级），依次逐一添加，并根据本书介绍的研究（见图 3.2），输入每一个等级的项目数量和得分。接着在右边输入主排序（即正式排序）的操作指引，并将 Q 陈述逐一添加到卡片（Card）列表。最后保存设置，然后发送邮件邀请参与对象进行 Q 排序。

参与对象打开邮件后，就可以点击超链接进入 Q 排序项目的界面，如图 3.11 所示，受邀参与的 Q 排序项目的标题出现在左边。

点击图 3.11 的图标或项目标题，进入 Q-sortware 初始排序界面（见图 3.12）。在初始排序中，参与对象先根据自己的观点，将所有 Q 陈述分别放入不同意、中立、同意三栏。所有 Q 陈述都放置后，点击底部的 Continue（继续）按钮，进入正式排序，如图 3.13 所示。

图 3.13 显示 11 级的 Q 排序量表，研究对象根据操作指令先将右侧那些同意的陈述按照同意程度从最右侧放入。接下来将左边那些不同意的陈述按照不同意的程度从最左侧放入。最后将中间那些陈述放入下面空余的中间位置。下面的 11 栏中，每个刻度描述的右边括号显示的是可以放入陈述的数量，底部红色字体是提示每一栏还缺多少条陈述。完成排序后，点击"继续"，看到排序结束的提示（见图 3.14），并询问是否保存数据，点击 Yes（是），就完成了排序。

图 3.11　研究对象打开链接后的界面

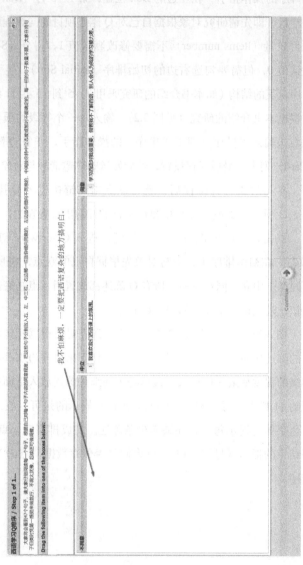

图 3.12　Q-sortware 初始排序界面

西语学习Q排序 / Step 1 of 1...

大家会在全屏的下面看到有11栏。从左至右分别代表你对前面4个句子的同意程度。最左边一栏表示最不同意，最右边一栏表示最同意。同意程度由左到右慢慢增大，而同一一栏里表示的不同程度或不同意程度相同。请大家先将右边那些您非常同意的句子按照同意程度的区分，接下来将左边那些您非常不同意的句子从最左侧放入。最后将中间那些不同意程度或不同意程度接近的句子依次放入下面空着的中间位置。

Drag the items to the boxes below:

不同意
1. 我不怕麻烦，一定要把西语复杂的地方搞明白。
2. 我愿意花大量的时间学习西语。
3. 我一定要学习西语，不然会对我很失望。
4. 我的西语老师的上课风格很灵活有趣。
5. 我总是附和上西语课。
6. 学习西语很重要因为可以获得同学、老师或家人对我的认可。
7. 我的家人认为我必须学习西语，因为它会让我成为一个有文化的人。
8. 我一定要认真学习西语，因为它会让我在未来就业中更有竞争力。

中立
1. 我喜欢我们西语课上的氛围。
2. 我的西语老师在我的学习上经常给予我有用的反馈。
3. 我一定要学好西语，不然会辜负我的父母。
4. 我喜欢学好西语，感到很高兴。
5. 我会努力学好西语，因为将来想考取西语等级证书来证明我的西语水平。
6. 我可以想象到自己和说西语的外国人谈生活的情景。
7. 我可以想象自己在外国度日，并用西语与人讨论。
8. 我认为自己比其他同学更学习西语要努力。

同意
1. 学习西语对我很重要，倘若我不了解西语，别人会认为我的学习能力差。
2. 学习西语很有必要，因为身边的人都期望我这么做。
3. 我可以想象到自己能熟练地用西语与别人交流。
4. 我喜欢看西语电影。
5. 我将来想要做的事需要我使用西语的活动。
6. 比起其他课，我更喜欢西语课。
7. 我真的很喜欢西语课，时间过得更快。
8. 我觉得待在西语课时，时间过得更快。

最不同意 (2)	非常不同意 (3)	比较不同意 (4)	稍微不同意 (5)	略微不同意 (6)	中立 (7)	稍微同意 (6)	比较同意 (5)	非常同意 (4)	非常同意 (3)	最同意 (2)
2 item(s) missing	3 item(s) missing	4 item(s) missing	5 item(s) missing	6 item(s) missing	7 item(s) missing	6 item(s) missing	5 item(s) missing	4 item(s) missing	3 item(s) missing	2 item(s) missing

Continue

图 3.13　Q-sortware 正式排序界面

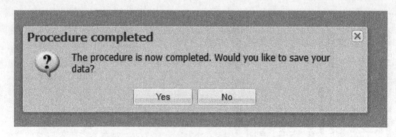

图 3.14　完成排序后提示保存数据

　　所有研究对象都完成排序后，研究者可以进入"设置"，选择相应的项目名称（如本例的"西语学习"），点击菜单上的 View submissions（查看提交）（见图 3.8），可以将数据下载，生成名为 export_csv.zip 文件，解压文件后，得到 csv 格式的数据，可以导入其他软件，如 PQMethod 或 Ken-Q Analysis 软件进行分析。

　　另一款较为常用的线上排序工具是 Q Method Software（https://qmethodsoftware.com/，2024 年 9 月 20 日读取），这是集合了在线排序和数据分析功能的网络应用，研究人员可以在线上完成创建研究项目、邮件邀请研究对象、创建 Q 卡片、在线排序以及分析数据等功能。图 3.15 是软件的主界面，右侧有时长 4 分钟左右的小视频，介绍使用该工具开展 Q 方法研究的过程。这是一款收费的网络应用，研究者需要在其主页上注册一个账号。

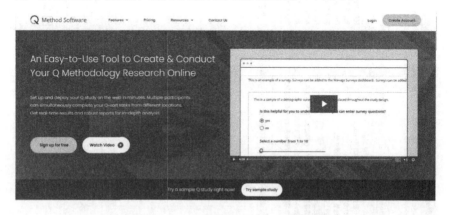

图 3.15　Q Method Software 的主界面

　　创建账号后，研究者可以根据提示，完成以下步骤（见图 3.16）。（1）创建一个研究项目并进行具体的项目设置，如项目标题、描述、研究日期、研究对象代码的设定原则等。（2）设置邀请研究对象的电子邮件模板、提醒邮件的模板，以及设定提醒频次。（3）添加 Q 样本陈述（可以使用文本或图片）。（4）定义 Q 分类量表的结构。（5）设计调查问卷。全部就绪后，在线上通过邮件向研究对象发送参加研究的链接。（6）数据收集完毕后，研究者可以点击左边导航窗格的 Analysis（分析），打开数据分析引擎，根据指引，完成数据分析。

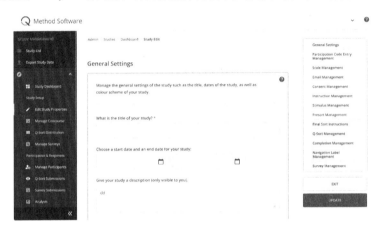

（a）创建并设置 Q 研究项目

（b）设置邀请邮件的模板

（c）添加 Q 样本陈述

（d）定义 Q 分类量表的结构

（e）设计问卷项目

（f）数据分析界面示例

图 3.16　Q Method Software 主要的操作界面示例

另外一款较为常用的工具是 Ken-Q Analysis（https://shawnbanasick.github. io/ken-q-analysis，2024 年 9 月 20 日读取）。Ken-Q Analysis 不能用于在线 Q 排序，而是用于 Q 方法研究的数据分析。但是与本书介绍的常用分析软件 PQMethod 不同，PQMethod 是一款免费的数据分析软件，Ken-Q Analysis 是一个桌面网络应用（主界面如图 3.17 所示），无需安装。页面加载完毕后，不再与服务器通信。所有的数据分析都是在用户的浏览器中处理，数据不会离开用户的浏览器，数据分析的速度将取决于用户计算机的处理能力。支持的浏览器包括谷歌 Chrome、谷歌 Chromium、火狐。

Ken-Q Analysis 的操作主要分为两步：（1）导入数据［见图 3.18（a）］。可以导入 Excel、PQMethod、KADE 三种格式的数据。需要注意的是，导入 PQMethod 的 Q 样本数据文件前，如果使用中文，要确保纯文本格式保存的编码为 UTF-8，否则网页上显示为乱码。（2）分析数据［见图 3.18（b）］。点击底部的 Start Analysis（开始分析）图标，就可以开始分析数据。研究者按照提示进行操作即可（具体的数据分析过程，见第四章）。Ken-Q Analysis 的操作较为清晰和用户友好，不过研究者需要掌握 Q 方法的数据分析原理，才能进行有效的分析判断。

Ken-Q Analysis

A Web Application for Q Methodology   Version 2.0.1

Ken-Q Analysis brings the interactivity and convenience of the web to Q-methodology. It is a desktop web application, so after the page has loaded there is no further communication with the server. All matrix calculations, factor rotations, and file downloads are processed in your browser. **Your data never leave your web browser.** Therefore, the speed of the matrix calculations, table updates, and image displays will depend on the processing power of your computer. Analyzing smaller datasets will likely be quick and responsive, but when working with large datasets you may experience some delays.

Supported Browsers:

Google Chrome
macOS, Windows
version 53 or newer

Mozilla Firefox
macOS, Windows, Linux
version 58 or newer

Google Chromium
Linux
version 53 or newer

图 3.17　Ken-Q Analysis 的主界面

1. Data Input

⑦ HELP - SECTION 1

MS Excel　PQMethod　KADE Zip　Demo

1. Load Excel Type 1 file
Q sort Data in Columns
Click here to get a sample file

Respondent Name and Statement Number	US1	US2	US3
-4	16	30	10
-4	20	9	7
-3	17	16	16
-3	18	10	8
-3	30	4	11
-2	3	18	22
-2	5	31	2
-2	31	19	2
-2	32	22	25

Drag and drop
Excel file here, or
click to select

2. Load Excel Type 2 file
Q sort Data in Rows
Click here to get a sample file

US1	-1	0	-2	0	-2	1	0	
US2	-1	0	-1	-3	2	3	1	
US3	2	-2	-2	4	-1	0	-4	
US4	3	1	-3	-1	-1	3	-3	
JP5	-4	-1	3	-1	1	1	4	
CA6	1	-3	0	3	3	4	-2	
UK7	2	0	-2	1	0	1	-1	
US8	-2	2	0	-3	-4	4	0	
FR9	3	1	0	1	-4	-3	2	

Drag and drop
Excel file here, or
click to select

（a）Ken-Q Analysis 数据导入

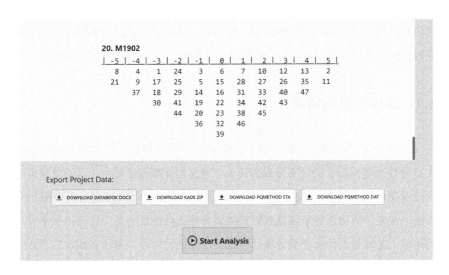

（b）Ken-Q Analysis 开始分析

图 3.18　Ken-Q Analysis 主要的操作界面示例

但值得注意的是，Q 方法的倡导者强烈推荐进行面对面的 Q 排序，因为这样有助于研究对象与 Q 项目深入"接触"，研究人员能与研究对象直接互动（Meehan *et al.* 2022）。线上 Q 排序虽然操作起来比较便利，但存在以下不足之处：首先，有些线上排序软件不便于参与者同时看到所有的陈述，从而使参与者难以对不同陈述进行相互比较和评估，而对 Q 陈述进行比对是 Q 排序实现操作主观性的关键。其次，研究对象不一定熟悉计算机操作或者愿意学习新的软件，也就是说，对技术的接受程度因人而异。如果研究对象对线上工具感到抵触，则会影响研究结果。最后，由于研究人员不在场，无法确保研究对象按正确程序进行 Q 排序，也难以及时调动研究对象的参与度，因而难以保证在线 Q 排序的数据质量（Dairon *et al.* 2017）。

鉴于以上原因，如果采用线上形式进行 Q 排序，研究者需要从以下几个方面做好充分准备：（1）合理控制 Q 陈述的数量，因为电脑或其他移动工具的屏幕大小可能无法满足一次性展示所有项目，因此，线上排序的 Q 陈述的数量宜控制在 36—40 之间。（2）提供清晰易懂的操作指引，可以通过短视频的方式来解释 Q 排序的步骤，视频上包含字幕；也可以在 Q 排序前通过视频会议，向研究对象介绍 Q 排序的步骤。(3) Q 排序后尽量进行访谈，以便深入了解研究对象的观点和看法，增加对所提取因子的解释力（Meehan *et al.* 2022）。

3.4　Q 排序后的访谈

虽然 Q 方法本质上已经具备了混合研究方法的特征，但研究者通常还会在 Q 排序后邀请部分研究对象参加访谈，请他们详细阐述观点，目的是获得对研究对象的 Q 排序更完整、更丰富、更详细的理解。访谈过程可以着眼三个方面。首先，请访谈对象回顾或解释他们为什么会在最后对项目进行某个方式的排序，尤其是为什么将某些项目放在排序表格的两端，为什么如此强烈认同或不认同这些项目等。其次，不能简单问对方诸如"为什么你把这个项目放在 +5 ？"这类问题，因为对方可能只会回答"因为我觉得它很重要"（Watts & Stenner 2012）。也就是说，研究者需有意识地引导研究对象对他们的排序进行解释。接着，可以请研究对象对其他项目，特别是对他们来说比较重要或比较有意义的项目，发表他们的看法。最后，研究者可以跳出研究使用的 Q 样本项目，请研究对象就研究的话题、概念下定义或者进行解释，从而获取故事化或叙述性数据（Watts & Stenner 2012），为后续的因子解读提供更丰富的信息和示例数据。

一般而言，Q 排序后的访谈，目的有两种：一种是辅助对 Q 排序结果的解读，如可以要求访谈对象解释在 Q 分类量表的不同刻度上放置相应卡片的原因。如 Zheng *et al.*（2020）在每次研究对象执行 Q 排序之后，进行回顾性访谈，以深入了解研究对象 Q 排序的理由。在数据分析之后，进行第二轮的后续访谈，以进一步了解研究对象的观点。两轮访谈均用于为研究者对因子的解读提供三角验证。访谈的另一种目的是用于回答特定的研究问题。如 Peng & Wu（2024）研究中的第三个研究问题（见第一章 1.7 小节），"这些不同的动机轮廓可能受到了哪些因素的影响？"，即通过 Q 排序后对 10 名学生的访谈数据的分析予以回答。

Q 排序后的访谈与常规的访谈步骤一样，建议采用半结构式访谈的方法，预先准备相应的访谈提纲，在访谈过程中再根据研究对象的回答进行必要的深挖（probing）。步骤大体如下：

1. 准备阶段。基于Q排序的结果，设计访谈提纲，以开放式问题为主，探索研究对象对Q陈述的理解和排序的原因。如果访谈数据用于回答特定的研究问题，需注意不要将研究问题直接当作访谈问题，因为研究问题通常比较抽象，而访谈问题则需简单具体，研究者通过对访谈数据的分析来回答研究问题（陈向明2000）。例如，Peng & Wu（2024）的访谈问题如下：

（1）你为什么会选择西语作为专业？

（2）在进入大学开始学习西语前，你有了解过相关的西语国家或西语文化吗？那时候感觉如何？（第二年的补充问题：经过一年的学习，你对西语国家或西语文化有什么新的认识吗？）

（3）你有规划过将来从事什么工作吗？想过从事跟西语相关的工作吗？

（4）在学习西语的过程中，别人的意见会不会对你有影响？

（5）你喜欢现在上的西语课吗？有什么方面是你特别喜欢的？

（6）如果满分是10分，你会给自己的努力程度打多少分，为什么？

选择访谈对象：访谈对象的选择由研究者根据具体研究目的确定，可以采用焦点小组访谈，也可以采用一对一访谈。通常的做法是，选择在提取的因子中载荷值较高的研究对象，因为这些研究对象更能代表所属因子的特性。这类似于探索性因子分析的命名，也通常根据在各个因子载荷值较高的项目内容来确定。例如，Peng & Wu（2024）的研究，就采用了目的抽样的方法，基于Q排序分析的结果，选择了在每个因子上载荷值显著且仅在该因子上载荷值显著的研究对象作为访谈对象。此外，选取访谈对象时，也可以根据研究需要，考虑人口学因素，比如性别、年龄、学历、英语学习或英语教学的年数等因素。

2. 实施阶段

访谈方式：选择一个安静的地点进行访谈，也可以采用线上会议等方式开展访谈，要使参与者感到放松并愿意分享他们的想法。

访谈过程：开始访谈时，首先解释访谈的目的和过程，征求访谈对象的同意，对访谈过程进行录音，并保证访谈对象的匿名性和数据的保密性。访谈先从轻松、简单的问题开始，访谈过程中研究者须保持中立，避免引导性问题，根据访谈提纲进行提问，同时留意访谈对象言语间的关键信息，进行深挖。也可以鼓励访谈对象谈论影响他们排序决策的个人经历、信念或看法。访谈过程中须做好笔记，记录关键点和访谈对象一些副语言信息（如眼神、表情、声调等）。

3. 数据处理和分析阶段

数据分析：将访谈录音转写成文本，根据研究需要采用相应的数据分析方法，如质性内容分析（Dörnyei 2007）、主题分析（Braun & Clarke 2021）、扎根理论（Charmaz 2006），对访谈文本进行编码和主题提炼等。

综合结果：将访谈结果与 Q 排序分析结果相结合，以获得更全面的理解。

3.5　论文汇报示例

汇报 Q 方法的研究论文中，要对上述实施阶段的内容进行详细描述，以便提高研究的可复制性和可验证性，启发其他研究者更加仔细和系统地设计和实施研究。以下是 Peng & Wu（2024：1943-1944）论文中关于 Q 方法实施的汇报：

> Q 排序是在 2020 年 11 月进行的。征得了西语专业教学部门负责人的同意之后，我们便联系了该学校西语专业的学生，向他们说明了研究的目的，并保证对任何个人信息予以保密。所有西语专业学生都同意参与，并签署了同意书。随后，我们邀请两组西语学生（一年级和二年级）在连续两天的指定时间内对陈述项目进行排序。Q 排序在大学食堂的非营业时间进行，因为那里的桌子足够宽敞，可以容纳这项研究中使用的分类量表（580 毫米×420 毫米）。
>
> 每位参与者都收到一叠单面卡片（50 毫米×50 毫米），卡片上印有双语陈述。他们根据要求，首先就自己对陈述的同意程度（同意、中立、不同意）将这些卡片分成三叠，并将这些陈述放置到分类量表中的相应位置

（右边、中间、左边），该量表顶部是 11 点（–5 至 +5，表示最不同意至最同意）的分布。最终，他们将排序结果誊抄到打印在 A4 纸上的 Q 排序量表上。

……

根据 Q 方法论的结果，在 Q 排序后不久，我们分别对十名学生进行了半结构式访谈。访谈以普通话进行（每次持续 20—25 分钟），经受访者同意录音，并逐字转录。

练习三

1. 实施 Q 方法前需要准备什么材料？

2. 开展线上 Q 排序需要注意些什么？

3. 假设研究者关注中学英语老师在其日常教学和职业发展中所经历的职业倦怠（burnout）和心理韧性（resilience）的感受，并形成了如下 47 条 Q 样本（Ding *et al.* 2023）。那么，你会建议研究者采用多少级的 Q 分类量表？为什么？

表 3.1　中学英语教师职业感受 Q 样本

题号	项目
1	我感到自己在工作中耗尽了心力。
2	下班时，我感到自己的精力全部被耗尽了。
3	早上醒来时想到又要面对一天的工作，我感到很累。
4	我能很容易理解学生的感受。
5	我感到自己把某些学生当成没有感情的对象来对待。
6	在工作中整天与人打交道，对我来说压力确实很大。
7	我能很有效地处理学生的问题。
8	工作让我感到崩溃。
9	我觉得我的工作对他人的生活有积极的影响。
10	我有时会想到辞去教职。

（待续）

(续表)

题号	项目
11	我担心这份工作会使我变得感情冷漠。
12	我觉得精力非常充沛。
13	工作让我感到挫败。
14	我觉得我在工作中过于卖力了。
15	我不大关心发生在学生身上的事情。
16	总的来看，这是近乎我理想的工作。
17	与学生相处时，我能很容易创造出轻松的气氛。
18	与学生密切协作后我觉得很愉快。
19	我在工作中做成了很多有意义的事儿。
20	学校领导总鼓励我们，工作做得好就会表扬。
21	在工作中，我能很冷静地处理情绪问题。
22	我觉得学生会把自己的问题怪到我头上来。
23	我能适应变化。
24	我有可以依赖的亲密、可靠的关系。
25	有时，能得到命运或上天的相助。
26	无论发生什么我都能应付。
27	过去的成功让我有信心面对挑战。
28	我能看到事情幽默的一面。
29	应对压力使我感到有力量。
30	经历艰难或疾病后，我往往会很快恢复。
31	事情发生总是有原因的。
32	无论结果怎样，我都会尽自己最大努力。
33	我能实现自己的目标。
34	当事情看起来没什么希望时，我不会轻易放弃。
35	我知道去哪里寻求帮助。
36	在压力下，我能够集中注意力并清晰思考。

(待续)

（续表）

题号	项目
37	我喜欢在解决问题时起带头作用。
38	我不会因失败而气馁。
39	我认为自己是个强有力的人。
40	我能做出不寻常的或艰难的决定。
41	我们学校里的老师互相帮助、互相支持。
42	我不得不按照预感行事。
43	我有强烈的目的感。
44	我感觉能掌控自己的生活。
45	我喜欢挑战。
46	我努力工作以达到目标。
47	我对自己的成绩感到骄傲。

第四章　Q 方法的数据分析

Q 排序完成后，研究者收集到所有研究对象的 Q 排序结果，开始对数据进行分析。本章将以 PQMethod 作为分析软件，展示 Q 方法的数据分析过程。

4.1　录入 Q 样本陈述 [1]

首先从网站 http://schmolck.org/qmethod/downpqwin.htm（2024 年 9 月 20 日读取）下载免费软件 PQMethod 2.35，软件解压后无须安装即可使用。建议将解压后的 PQMethod 文件夹放在 C 盘，以方便读取数据，该文件夹里有名为 projects 的子文件夹，用于存放所有的项目。可以将文件夹中的快捷图标，即名为"PQMethod_Shortcut"（带黄色 Q 符号）的文件，拷贝到电脑桌面，每次双击该快捷图标就能打开软件。

在录入数据之前，需要先录入 Q 样本陈述。本章示例研究的 47 条陈述见表 4.1。

表 4.1　Peng & Wu（2024）研究的 47 条 Q 陈述

题号	项目
1	学习西语对我很重要，假若我不了解西语，别人会认为我的学习能力差。
2	我喜欢我们西语课上的氛围。
3	我不怕麻烦，一定要把西语复杂的地方搞明白。
4	学习西语很有必要，因为身边的人都期望我这么做。
5	我的西语老师在我的学习上经常给予我有用的反馈。
6	我愿意花大量时间学习西语。
7	我可以想象到自己能娴熟地用西语与别人交流。
8	我一定要学好西语，不然会影响我的绩点。

（待续）

---

1 本章 4.1 至 4.5 小节的操作示例，详见本书配套视频，网址：https://heep.fltrp.com/book/detail?id=4045

（续表）

题号	项目
9	我一定要学习西语，不然父母会对我很失望。
10	我喜欢西语电影。
11	我讲西语时，感到很高兴。
12	我的西语老师的上课风格很灵活有趣。
13	我将来想要做的事是需要我使用西语的。
14	我会努力学好西语，因为将来想考取语言等级证书来证明我的西语水平。
15	我总是期待上西语课。
16	比起其他课，我更喜欢西语课上的活动。
17	我可以想象到自己和说西语的外国人谈生意的情景。
18	学习西语很重要是因为可以获得同学、老师或家人对我的认可。
19	我真的很喜欢西语课。
20	我可以想象自己在外国居住，并用西语与人讨论。
21	我的家人认为我必须学习西语以成为一个有文化的人。
22	我觉得在上西语课时，时间过得更快。
23	我认为自己比其他同学学习西语更努力。
24	我一定要认真学习西语，因为它会让我在未来就业中更有竞争力。
25	当想到我未来工作的时候，我可以想象自己用到西语。
26	西语课大大地激发了我未来继续学习的热情。
27	我想更多地了解来自西语国家的人。
28	我认为西语是世界上最重要的语言之一。
29	我可以想象到自己未来在西班牙或者拉丁美洲学习或者居住。
30	学习西语的重要性在于要是我懂西语，别人就会更加尊敬我。
31	如果老师给我们布置了选做的作业，我很愿意主动去完成它。
32	在"一带一路"倡议的背景下，西语十分有用。
33	我认为未来还会继续学西语。
34	我可以想象到自己说西语就像那些以西语为母语的人一样。

（待续）

（续表）

题号	项目
35	我感到学习西语很有趣。
36	要是不学好西语，就会对我的生活产生负面影响。
37	我一定学好西语，不然我将找不到好工作。
38	我想去西语国家旅游。
39	我的西语老师比其他任课老师都要好。
40	我觉得西语是一门很有吸引力的语言。
41	说句老实话，我真的不大愿意学西语。
42	在日常生活中，我有机会去运用西语。
43	我喜欢西语音乐。
44	学习西语有许多的资源和材料，我能够轻松地找到它们。
45	我可以想象自己和国外朋友或者同事用西语交流。
46	懂西语对认识来自西语国家的人很有帮助。
47	我很努力地学习西语。

以下介绍具体步骤。带编号的首行（西语学习 => 回车）是研究者在软件界面输入的内容，后面是操作说明。

（1）**西语学习 => 回车**

说明： 打开 PQMethod（双击文件夹里面的 PQMethod.exe），首先出现的是 "Enter [Path and] Project Name:"（见图 4.1），按照提示输入项目名称。例如，项目名称是"西语学习"，则在界面中输入"西语学习"，然后按回车，出现指令列表，一共 9 个操作指令（1，2，3，4，5，6，7，8，X），每个指令后面是对操作内容的说明。通过输入指令的数字实施操作。如要输入 Q 排序结果，则输入"2"。PQMethod 默认的操作界面是黑底白字，可以点击窗口左上角的图标（见图 4.1），在下拉菜单中选择"属性"，便会打开新的对话框。在"颜色"标签中选择其他配色方案后，点击"确定"，则能将界面改为其他的配色方案。为提高印刷效果，本书后面的图示均采用白底黑字的配色方案，并将研究者输入程序的内容以粗体显示。

图 4.1 PQMethod 主界面

（2）1 => 回车 => 回车

说明： 在程序主界面中输入"1"（见图 4.1），按回车。即选择"1 –
STATES"，指输入或编辑 Q 陈述（见图 4.2）。图 4.2 说明所有 Q 陈述将存储在
"西语学习 .sta"这个文件中，目前文件已创建，但里面没有陈述语句；并提
示 Q 陈述将以纯文本形式存储在一个文件，每条陈述占一条记录；在最终的输
出表格（表格命名格式为：西语学习 .lis）里，每条陈述最多只能保留 60 个字
符，多余的字符将会被裁掉。接着再按回车，程序将启动系统自带的外部编辑
器 notepad.exe，用于输入或编辑 Q 陈述。然后，继续按照提示再次按回车。

```
    Last Routine Run Successfully - (Initial)
1
 Checking file C:\PQMethod\projects/西语学习.sta
 for statements entered already ...

 ... no statements found in that file.

 PQMethod stores statements used for a Q project in a plain
 text file, one record for every statement.

 Please note that the final output tables (in 西语学习.lis)
 cut every statement to a maximal length of 60 characters.

 Hit <ENTER> to continue

 Launching the external editor: (C:\WINDOWS\system32\notepad.exe) ...

 When you are finished with entering or editing the statements
 and quit the editor, you will return to PQMethod.
 Hit <ENTER> to continue
```

图 4.2　选择 1-STATES 的操作

（3）将 Q 陈述粘贴进编辑器 => 保存

说明： 将整理好的 Q 陈述输入或粘贴进编辑器，这是纯文本格式，每条陈述结束后以回车换行，陈述前面无须编号。完成后保存文件，文件为 sta 格式，得到如图 4.3 所示的界面，至此，Q 陈述录入完毕。需要注意的是，PQMethod 生成的这个纯文本的编码为 UTF-8，而后面完成因子分析所生成的 lis 格式的文件的编码为 ANSI。如果 Q 陈述是以英文撰写，不会出现文本显示问题。但是如果 Q 陈述是使用中文撰写（如本书例子），建议先将 Q 陈述文本，如"西语学习 .sta"在记事本中打开，另存为编码为 ANSI 的同名文件，替代原来编码为 UTF-8 的"西语学习 .sta"，以免后面输出的 lis 格式的文件出现乱码（本书附带数据文件的"西语学习"文件夹下面的"西语学习 .sta"包含该 47 条陈述，具体内容见表 4.1）。

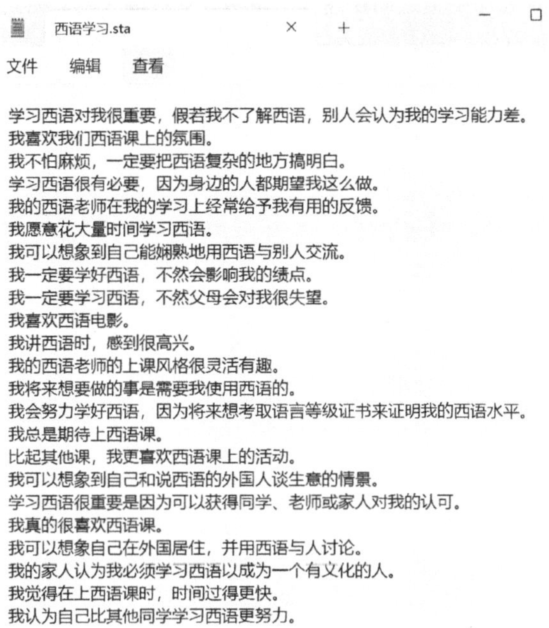

西语学习.sta　　　　　　　　　　×　　＋　　　—　□

文件　　编辑　　查看

学习西语对我很重要，假若我不了解西语，别人会认为我的学习能力差。
我喜欢我们西语课上的氛围。
我不怕麻烦，一定要把西语复杂的地方搞明白。
学习西语很有必要，因为身边的人都期望我这么做。
我的西语老师在我的学习上经常给予我有用的反馈。
我愿意花大量时间学习西语。
我可以想象到自己能娴熟地用西语与别人交流。
我一定要学好西语，不然会影响我的绩点。
我一定要学习西语，不然父母会对我很失望。
我喜欢西语电影。
我讲西语时，感到很高兴。
我的西语老师的上课风格很灵活有趣。
我将来想要做的事是需要我使用西语的。
我会努力学好西语，因为将来想考取语言等级证书来证明我的西语水平。
我总是期待上西语课。
比起其他课，我更喜欢西语课上的活动。
我可以想象到自己和说西语的外国人谈生意的情景。
学习西语很重要是因为可以获得同学、老师或家人对我的认可。
我真的很喜欢西语课。
我可以想象自己在外国居住，并用西语与人讨论。
我的家人认为我必须学习西语以成为一个有文化的人。
我觉得在上西语课时，时间过得更快。
我认为自己比其他同学学习西语更努力。

图 4.3　在文本编辑器中录入 Q 陈述

4.2　录入数据

完成 Q 陈述的录入后，开始将收到的 Q 排序结果（即研究对象递交的 A4
纸上的 Q 分类量表）录入程序。具体步骤如下：

**（1）建立数据库结构：2 => 回车 => 西语学习 => 47 => –5 => 5 => 2 3 4 5
6 7 6 5 4 3 2**

说明：在主界面，输入"2"，按回车，即选择"2 – QENTER"，输入 Q 排
序结果。首先提示输入不超过 68 个字符的研究名称，如输入"西语学习"。然
后根据提示，输入 Q 陈述的数量，如"47"；然后输入分类量表最左边一列的
刻度，如"–5"，最右边一列的刻度，如"5"；然后输入每一列对应的行数，
即 Q 分类量表中赋予各个刻度的 Q 陈述的数目。如第三章里图 3.2 所示，刻度
"–5"下面有两行，即有 2 条陈述赋值为 –5，刻度"+2"下面有 5 行，即有 5
条陈述赋值为 +2。因此，图 3.2 的分类量表的从左到右的行数为"2 3 4 5 6 7 6

5 4 3 2"，输入时每个数值之间相隔一个空格。完成输入后，相当于建立了数据库的结构（操作过程见图 4.4）。

```
   Last Routine Run Successfully - STATES

2

Checking old input data file ....

Enter the title of your study to a max of 68 characters.
                                                        _____

西语学习

 How many q statements are there?
47

 Enter the leftmost column value (e.g. -5):
-5

 Enter the rightmost column value (e.g. 5):
5

 Enter the Number of Rows for each Column from -5 to  5.
  For Example:  2 3 3 4 4 4 3 3 2 :
2 3 4 5 6 7 6 5 4 3 2

 Ready to process another sort.
 Enter one of the following codes:

A - to add a new sort
C - to change a previous sort
D - to delete a sort
S - to show a previous sort
Q - to query status of this study
X - to exit QENTER (stop entering/changing sorts)
```

图 4.4　选择 2-QENTER 建立数据库结构

（2）录入数据：**A => 回车 => F1901 => 30 29 => 23 22 21 => … => 38 27**

说明：完成上一个步骤后，则出现录入 Q 排序结果的若干选项，如图 4.4 所示，根据提示，逐一输入 Q 排序结果。如本研究得到的第一条 Q 排序如图 4.5 所示。在程序中，选择 "A"，按回车，即开始逐条输入 Q 排序。首先输入第一条数据的代码或编号（即赋予第一位研究对象的代码），代码长度为 8 个字符。需要注意的是，代码最好体现研究对象的人口统计信息，因为这些信息是解读因子分析结果的重要依据（详见第四章末练习题的编号说明）。本例中的代码为 5 个字符，第一个字母为 F 或 M，代表 "女性" 或 "男性"，后面的数字 "19" 代表这是 2019 年入学的学生，最后两个数字为顺序编号。因此，输入第一条 Q 排序的代码 "F1901"（即该学生是 2019 级的女生）。

根据提示，开始从最左边 –5 刻度那一列开始，输入这一列的两条陈述的编号，以空格隔开，见图 4.6。"–5" 一列的两条陈述的编号是 "30 29"，"–4"

一列的三条陈述的编号是"23 22 21",如此类推,每输完一列以回车结束,然后输入下一列的陈述的编号,直到完成第一位研究对象数据的输入,操作过程如图 4.6 所示。

编号: **F1901**

−5	−4	−3	−2	−1	0	+1	+2	+3	+4	+5
30	23	20	40	47	41	44	36	46	7	38
29	22	16	28	18	39	37	34	11	45	27
(2)	21	15	26	17	35	32	13	33	25	(2)
	(3)	12	19	2	31	24	10	43	(3)	
		(4)	9	3	4	6	8	(4)		
			(5)	42	14	1	(5)			
				(6)	5	(6)				
					(7)					

图 4.5　F1901 的 Q 排序

```
Ready to process another sort.
 Enter one of the following codes:

 A - to add a new sort
 C - to change a previous sort
 D - to delete a sort
 S - to show a previous sort
 Q - to query status of this study
 X - to exit QENTER (stop entering/changing sorts)

A

 Enter identification code for subject no.  1
 (A case label consisting of max. 8 characters)
F1901

 Enter the Sort Values for Subject  1 F1901

 Enter the Statement Numbers, Separated by Spaces,
   for Column -5:
30 29
 Enter the Statement Numbers, Separated by Spaces,
   for Column -4:
23 22 21
 Enter the Statement Numbers, Separated by Spaces,
   for Column -3:
20 16 15 12
```

图 4.6　输入 F1901 的 Q 排序的操作

完成 F1901 的排序结果的录入后，程序界面出现如图 4.7 所示的 Q 排序。图 4.7 中，左上角为 Q 排序的序号（如输入的第一条 Q 排序的序号为 1），程序左下角为研究者赋予该条 Q 排序的代码（即编号）。

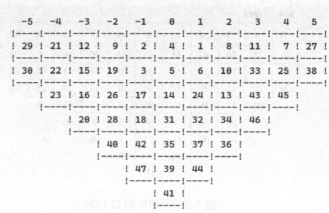

图 4.7　程序界面显示的 Q 排序格式

根据上述步骤，将附录 1 中 F1901—F1918、M1901—M1902 的 Q 排序逐一录入程序，完成后将生成一个 dat 格式的文件，本例命名为"西语学习 .dat"，Q 排序数据都存在这个文件里（本书附带数据文件的"西语学习"文件夹下面的"西语学习 .dat"包含示例的 20 条 Q 排序数据，详见附录 1）。

4.3　因子提取

完成所有数据的录入后，开始进行因子提取。因子提取指从数据中识别和提取潜在变量或因子，以解释观察变量之间的相关性。通过因子提取，可以将多个观察变量的信息汇总成较少数量的潜在因子，从而简化数据结构，便于分析和解释（关于常用的探索性因子分析的介绍，见本书第一章 1.1 小节）。Q 方法的因子提取原理跟常用的 R 方法的探索性因子分析的原理类似。简单来说，每条 Q 排序数据的信息，可以理解为总值为 1 的方差，由三部分组成：共同方差（即所有 Q 排序表达的观点的共同性）、特定方差（即某个 Q 排序所特有的方差，反映了该研究对象个体的个性）、误差方差（指由随机误差和数据收集过程中的不完善所产生的误差）。因子分析旨在寻找共同方差的结构，以揭示共同方差组成部分之间的关系。

PQMethod 软件提供了两种因子提取的方法：质心提取法（centroid extraction）和主成分分析法（principle component analysis，PCA）。Q 方法研究者主张使用质心提取法，认为主成分分析法只提供单一的、数学上最佳的解决方案，研究者应根据相关理论对数据及因子旋转进行更多探索（Watts & Stenner 2012）。Schmolck（2014）认为质心提取法遵从了 Stephenson 所提倡的 Q 方法理念；主成分分析法是很多统计软件（如 SPSS）默认的因子提取方法。这两种方法的运算过程不同，但得到的实际结果比较相近。本节将分别介绍这两种因子提取的方法。

关于提取因子的数量，研究者需要结合以下信息做出决定。首先，研究者可以根据理论框架决定因子个数。其次，如果研究者没有这些先验考虑，那么可以依照每 6 条 Q 陈述提取一个因子的原则决定因子个数（Watts & Stenner 2012）。需要注意的是，PQMethod 可以抽取的最大因子数目为 8 个。

表 4.2 基于 Q 排序数量的因子提取起始数目（Watts & Stenner 2012：197）

Q 排序数量	因子提取的起始数量（个）
12 或以下	1 或 2
13—18	3
19—24	4
25—30	5
31—36	6
36 以上	7

事实上，研究者需要综合考虑各方面信息来确定拟提取的因子个数。这些信息包括相关理论、Q 陈述的内容、因子的实质意义和重要性等。首先考虑的是因子特征值的大小。与传统的探索性因子分析的操作一样，Q 方法中拟提取的因子特征值一般要大于 1；因子解释的总方差须在 35%—40% 或以上（Watts & Stenner 2012）。

此外，还要满足以下两个条件：（1）同一因子中起码有两个以上的 Q 排序，其因子载荷在 0.01 水平上达到显著；(2) 采用汉弗莱规则（Humphrey's rule）。第一个条件是指在未旋转的因子矩阵上，若同一因子中有两个 Q 排序的因子载荷在 0.01 水平上达到显著，则保留该因子。因子载荷绝对值达到显著的阈值依据以下公式计算：2.58×（1÷√Q 样本的项目数量）（Watts & Stenner 2012：107）。例如，本例的 Q 样本有 47 个项目，则：

$$因子载荷达到显著的阈值 = 2.58 \times (1 \div \sqrt{47})$$
$$= 2.58 \times (1 \div 6.8557)$$
$$= 2.58 \times 0.1459$$
$$= 0.3764$$
$$\approx 0.38$$

第二个条件中的汉弗莱规则是指在未旋转的因子矩阵上，若同一因子中两个最高载荷值的乘积的绝对值超过标准误的两倍，则保留该因子。标准误的计算公式为：1÷√Q 样本的项目数量（Watts & Stenner 2012：107）。因此，本例的标准误的两倍计算如下：

$$两倍标准误 = 2 \times (1 \div \sqrt{47})$$
$$= 2 \times (1 \div 6.8557)$$
$$= 2 \times 0.1459$$
$$= 0.2918$$
$$\approx 0.30$$

4.3.1 质心提取法

质心提取法的具体操作步骤如下：

● **3 => 回车 => N => 4**（如果按回车，则默认提取 7 个因子）

说明： 在操作主界面上，输入"3"，按回车，即选择"3-QCENT"，这时候，PQMethod 2.30 以上版本会出来一个提示，"你想运行对共同性采用迭代解决方案的 Horst 5.5 质心因子分析法，而非 Brown（1980）中描述的方法吗（是/否）："（见图 4.8）。Horst 5.5 质心因子分析法在估算相关矩阵中的对角线元素时采用了一种更为精细的方法，较新版本的 PQMethod 软件提供这个选择是因为在使用传统的质心提取法分析多个数据集时，有时会出现某些不规则性，而这种不规则性在 Horst 5.5 质心因子分析法中没有出现（Schmolck 2014）。这里可以输入"N"，采用 Brown（1980）的方法。接下来输入要提取的质心（centroid，即因子）的个数，具体指令是"你想提取多少个质心？（如果是 7 个的话，请直接按回车）"。如果按回车，程序会显示"7 个因子将被输出到文件"c:\PQMethod\projects/ 西语学习 .unr"。由于本研究有 20 条 Q 排序，参考表 4.2 的指引，可以考虑提取 4 个因子。

```
    Last Routine Run Successfully - (Initial)
3
 Do you want to run the Horst 5.5 Centroid factor analysis with iterative solutions for
communalities instead of the method described in Brown (1980) (y/N):
N

 How many Centroids do you wish to extract?
 (Press <ENTER> if 7 is OK)
4
 4 factors will be output to file C:\PQMethod\projects/西语学习.unr
```

图 4.8　提取 4 个因子（质心提取法）

操作完成后，将会在 projects 文件夹里输出名为"西语学习 .cor"和"西语学习 .unr"的文件。cor 格式的文件含有 Q 排序的相关矩阵，显示 Q 排序之间的关联性以及相关的程度。unr 格式的文件含有未旋转的因子载荷。在 PQMethod 2.35 版本，输出的 unr 格式的文件只显示未旋转因子矩阵的载荷值，需要执行完主界面中因子旋转以及"7-QANALYZE"步骤后，生成 lis 格式的文件，才能从该文件看到每个因子对应的特征值和解释的总方差等信息。因此，使用质心提取法采用 4 因子方案，得到的未旋转因子矩阵如表 4.3 所示。从表 4.3 可见，4 个因子中，只有两个因子的特征值大于 1。需要强调的是，本示例提取 4 个因子，只是为了简化说明的过程，因子提取是一个反复探索的过程，研究者需要尝试不同的方案，以做出最优决策。

表 4.3 质心提取法未旋转的因子矩阵（4 因子方案）

Q 排序	因子			
	1	2	3	4
1 F1901	0.5109	−0.2817	0.2362	0.0843
2 F1902	0.7064	0.2831	−0.3427	0.1706
3 F1903	0.6862	0.2457	−0.0429	0.0467
4 F1904	0.6052	0.1757	0.2197	0.0455
5 F1905	0.4872	−0.3732	0.1751	0.1145
6 F1906	0.7530	0.3701	0.2881	0.1530
7 F1907	0.6902	0.0364	−0.4596	0.1896
8 F1908	0.7398	0.2592	0.1086	0.0514
9 F1909	0.8191	−0.0497	−0.1249	0.0183
10 F1910	0.2894	−0.3411	−0.1970	0.1234
11 F1911	0.6902	0.2668	0.3420	0.1230
12 F1912	0.6761	−0.2756	0.0585	0.0518
13 F1913	0.6281	−0.1076	0.0668	0.0073
14 F1914	0.7994	0.0269	0.2177	0.0231
15 F1915	0.8042	−0.0304	−0.1120	0.0146
16 F1916	0.5598	−0.2684	0.2183	0.0736
17 F1917	0.7791	−0.1271	−0.2257	0.0580
18 F1918	0.6766	−0.0020	−0.0043	0.0002
19 M1901	0.7632	−0.0207	−0.0375	0.0030
20 M1902	0.4730	0.2077	−0.3155	0.1225
Eigenvalues	8.9780	1.0064	0.9989	0.1735
% expl. Var.	45	5	5	1

4.3.2 主成分分析法

- 4 => 回车

说明： 在操作主界面输入"4"，按回车，即选择"4-QPCA"，主成分分析法。这时程序同样输出名为"西语学习.unr"的文件，文件包含默认的 8 个因子的未旋转的因子矩阵，以及特征值列表（见表 4.4）。从表 4.4 可见，有 4 个 Q 排序的特征值大于 1。与传统的因子分析类似，这一结果提示可提取的因子最大数量为 4 个。最终提取多少个因子，需要进一步做因子旋转才能确定。

表 4.4 主成分分析法未旋转的因子矩阵的特征值

	特征值	百分比	累计百分比
1	9.4847	47.4236	47.4236
2	1.6245	8.1226	55.5462
3	1.3611	6.8054	62.3516
4	1.2802	6.4011	68.7527
5	0.9976	4.9878	73.7405
6	0.8770	4.3850	78.1255
7	0.7324	3.6620	81.7875
8	0.6130	3.0650	84.8525
9	0.4875	2.4377	87.2902
10	0.4609	2.3045	89.5947
11	0.4218	2.1089	91.7036
12	0.3605	1.8024	93.5060
13	0.2782	1.3909	94.8969
14	0.2390	1.1950	96.0919
15	0.2176	1.0878	97.1797
16	0.1800	0.9000	98.0797
17	0.1575	0.7876	98.8673
18	0.1092	0.5459	99.4132
19	0.0784	0.3919	99.8051
20	0.0390	0.1949	100

注：由于计算过程采用了四舍五入，表中数据与软件输出结果有细微差别，但这不影响最终的分析与结论。

4.4 因子旋转

因子提取后，需要进行因子旋转，以获得更为清晰、有意义的因子结构。PQMethod 提供了手动因子旋转和程序自动执行的极大方差旋转两种方法。手动旋转的优势在于研究人员可以根据理论和研究问题调整因子，更深入地理解数据并对因子结构进行分析，这在处理复杂或模糊的数据时尤其重要。但是手动旋转因子较为耗时，研究者需要具有较强的分析能力。因此，本书只介绍极大方差旋转方法，关于手动因子旋转的原理和操作，参见 Watts & Stenner (2012) 及 Schmolck (2014)。

采用质心提取法后进行极大方差旋转和采用主成分分析法后进行极大方差旋转，二者的步骤是一样的，只是因子载荷值会有所不同。以下介绍采用主成分分析法提取因子后进行极大方差旋转的操作步骤。

（1）**6 => 回车 => 4 => 回车 => N => 回车 => 回车 => 1 => 2 3 7 9 12 14 15 16 17 19 => 2 => 1 5 10 13 18 => 3 => 4 6 8 10 11 13 14 16 => 4 => 2 3 6 7 8 9 18 20 => 1 2 3 4**

说明： 在操作主界面输入"6"，按回车，即选择"6-QVARIMAX"，选择极大方差旋转（见图4.9）。弹出"你想旋转多少个因子？"，输入"4"，按回车，即要求程序旋转 4 个因子。这时程序提示将显示极大方差旋转后的因子载荷，研究者可以进一步进行因子旋转（可选操作）和对载荷值在 0.01 水平上显著的 Q 排序添加标注（必选操作）。程序同时询问研究者是否希望使用 PQROT 的插件程序来完成该操作。本示例输入"N"，即选择手动添加标注。此时程序输出因子旋转后 4 个因子的载荷值，载荷值以整数形式呈现，但实际上是省略了整数 0 和小数点之后的两位小数。如图 4.9 所示，第一个 Q 排序在 4 个因子上的数值分别为 18、63、36、0，即四个因子载荷分别为 0.18、0.63、0.36、0.00。

```
6
 Performing VARIMAX rotation...

 How many factors do you wish to rotate?
 (Press <ENTER> to rotate all 4 unrotated factors)
4
 4 Varimax factors will be output to file C:\PQMethod\projects\西语学习.rot

 Next, varimax factors will be displayed for additional rotations [optional]
 and for adding flags [required] - Do you wish to use the
 PQROT add-on program for that (Y/n)?
N
 SUBJ  1   2   3   4   5   6   7   8    SUBJ  1   2   3   4   5   6   7   8
  1   18  63  36   0                     16   62  24  41 -25
  2   44   6  26  68                     17   77  20  18  30
  3   45   8  35  49                     18   15  45  35  57
  4   28   2  70  19                     19   78  14  29  19
  5   15  85  17   2                     20    8   3  17  83
  6   29  18  68  39
  7   77   2   1  47
  8   37  14  56  41
  9   61  28  31  39
 10   28  67 -40  22
 11   25  20  72  26
 12   67  31  32  -3
 13   18  45  45  31
 14   58  23  59  13
 15   66  23  31  33
 More rotating? (y/N):
N
 The next step associates individual sorts with factors
 (required before executing the QANALYZE module).
```

图 4.9　因子旋转后不加载 PQROT 插件程序

接下来程序提示将把单个 Q 排序与因子关联起来，询问研究者是否对因子添加标注并提供三个选择（见图 4.10）：(1) 回车表示接受；(2) 输入 N 表示跳过此步骤，重新进行因子旋转；(3) 输入 P 表示由程序自动生成标注。建议这里按"回车"，"不要让程序自动生成标注"（Watts & Stenner 2012：199）。具体操作如下：输入要添加标注的第一个因子的编号，即"1"；接着输入在这个因子上载荷显著的 Q 排序编号，以空格隔开。本例中，载荷值的绝对值达到0.38 为显著，因此，因子 1 中大于或等于 0.38 的载荷值均应进行标注。按照这一准则，因子 1 中共有 10 个 Q 排序需要添加标注，即"2 3 7 9 12 14 15 16 1719"。以此类推，分别标注另外 3 个因子，将得到如图 4.11 所示的标注结果，被标注的载荷值后会出现"X"符号。程序接着提示输入要标注或重新标注的因子，按"回车"表示停止标注。最后根据提示，写出确定的因子的信息，具体是输入因子的序号，以空格隔开。如输入"1 2 3 4"，即写出全部 4 个因子的信息。

```
Do you wish to flag factors? --Enter a null return to accept or
n to bypass or p to start out with a set of program-generated factor flags

SUBJ  1   2   3   4   5   6   7   8    SUBJ  1   2   3   4   5   6   7   8
   1  18  63  36   0                     16  62  24  41 -25
   2  44   6  26  68                     17  77  20  18  30
   3  45   8  35  49                     18  15  45  35  57
   4  28   2  70  19                     19  78  14  29  19
   5  15  85  17   2                     20   8   3  17  83
   6  29  18  68  39
   7  77   2   1  47
   8  37  14  56  41
   9  61  28  31  39
  10  28  67 -40  22
  11  25  20  72  26
  12  67  31  32  -3
  13  18  45  45  31
  14  58  23  59  13
  15  66  23  31  33
Enter the number of the factor for (re-)flagging
                     (Enter a null return when you
                      are finished marking factors):
1
Enter the numbers of the sorts to be flagged,
one at a time, separated by spaces (e.g. 3 4 8)

2 3 7 9 12 14 15 16 17 19
```

图 4.10　手动标注第一个因子

```
SUBJ  1   2    3    4   5   6   7   8    SUBJ  1    2    3    4   5   6   7   8
   1  18  63X  36    0                     16  62X  24   41X-25
   2  44X  6   26   68X                    17  77X  20   18   30
   3  45X  8   35   49X                    18  15   45X  35   57X
   4  28   2   70X  19                     19  78X  14   29   19
   5  15  85X  17    2                     20   8    3   17   83X
   6  29  18   68X  39X
   7  77X  2    1   47X
   8  37  14   56X  41X
   9  61X 28   31   39X
  10  28  67X -40X  22
  11  25  20   72X  26
  12  67X 31   32   -3
  13  18  45X  45X  31
  14  58X 23   59X  13
  15  66X 23   31   33
Enter the number of the factor for (re-)flagging
                     (Enter a null return when you
                      are finished marking factors):

Which factors would you like to write out?  (put them
  in the order you want them in the output file):
1 2 3 4
```

图 4.11　完成标注后写出 4 个因子的信息

在前面步骤中，如果选择使用 PQROT 的插件程序来进行标注，则输入"Y"，按回车（见图 4.12），这个插件程序就会在新窗口中打开，研究者根据提示进行操作，如图 4.13 所示。接着根据界面右侧的指令符进行操作。

```
6
Performing VARIMAX rotation...

How many factors do you wish to rotate?
(Press <ENTER> to rotate all 4 unrotated factors)
4
4 Varimax factors will be output to file C:\PQMethod\projects/西语学习.rot

Next, varimax factors will be displayed for additional rotations
[optional]
and for adding flags [required] - Do you wish to use the
PQROT add-on program for that (Y/n)?
Y
PQROT 2.0 for Windows etc.
High Resolution Hand Rotation for PQMethod
written by Andreas Zollorsch & Peter.Schmolck@web.de
```

图 4.12　因子旋转及加载 PQROT 插件程序

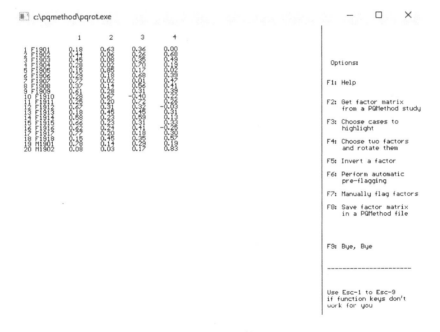

图 4.13　PQROT 插件程序界面

在图 4.13 的界面中，选择 "F7: Manually flag factors"，则第一个因子及所有载荷值以及第一条 Q 排序会被长方框选中，如图 4.14 所示。根据图 4.14 右侧的指令进行相关操作，如通过上下左右箭头选择因子或 Q 排序，按回车对相关 Q 排序添加标注。图 4.15 表示对第一个因子下 F1912 这一 Q 排序添加标注，因为其载荷值在这个因子上达到显著（大于 0.38）。

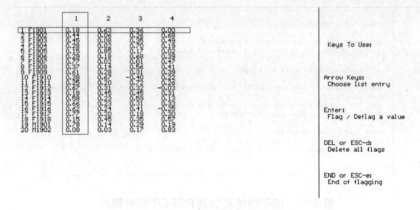

图 4.14　在 PQROT 插件程序界面选择手动标注因子

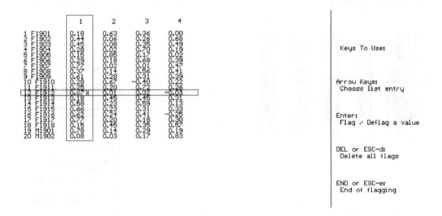

图 4.15　在 PQROT 插件程序界面选择标注第一个因子下的 F1912 的 Q 排序

　　如前所述，因子旋转后，还需要生成输出文件来查看更多信息，以便决定提取因子的个数。因此，还需要执行主界面的"分析"和查看步骤，具体如下。

　　（2）7 => 回车 => N => 回车 => 8 => 回车

　　说明： 在操作主界面输入"7"，按回车，即选择"7-QANALYZE"，对旋转后的因子进行最后的分析，分析结果将输出到 lis 格式的文件中（见图 4.16）。程序提示输出文件中每页显示 52 行，每行 132 个字节，询问是否要对此做更改。输入"N"，本例中就会在 projects 文件夹中增加名为"西语学习 .lis"的文件，里面包含各种分析的结果。研究者可以接着输入"8"，按回车，程序就会打开操作系统自带的记事本，显示输出的 lis 格式的文件。研究者也可以直接打开 projects 文件夹，找到该 lis 格式的文件并对结果进行详细分析（本书附带数据文件的"西语学习"文件夹下面的"西语学习 -PCA 2 factors(11.4).lis"包含程序输出的所有分析结果）。

```
7

  PQMethod is going to write the report into the file
        C:\PQMethod\projects/西语学习.lis
  with max. 132 chars/line and           52  lines/page
  Do you want to change no. lines/page? (y/N):
N
 Current Project is ...  C:\PQMethod\projects/西语学习
 Choose the number of the routine you want to run and enter it.

  1 - STATES   - Enter (or edit) the file of statements
  2 - QENTER   - Enter q sorts (new or continued)
  3 - QCENT    - Perform a Centroid factor analysis
  4 - QPCA     - Perform a Principal Components factor analysis
  5 - QROTATE  - Perform a manual rotation of the factors
  6 - QVARIMAX - Perform a varimax rotation of the factors
  7 - QANALYZE - Perform the final Q analysis of the rotated factors
  8 - VIEWLIST - View output file 西语学习.lis
  X - Exit from PQMethod

    Last Routine Run Successfully - QANALYZE

8
Launching external file viewer ...

When you are finished with viewing the PQMethod output listing (.lis )
and quit the program, you will return to PQMethod
-don't forget to close PQMethod!

Hit <ENTER> to continue
```

图 4.16　输出和查看分析结果

4.5　确定因子结构

研究者在尝试提取不同数量的因子的过程中，每次执行因子提取（见第四章 4.3 小节）和因子旋转（见第四章 4.4 小节）的操作后，均需要仔细分析 lis 格式的文件输出结果中的各种信息，以做出最优决策。建议制作类似表 4.6 的表格，记录不同因子结构下得到的 Q 排序编号，混杂 Q 排序（confounded Q sorts）以及不显著的 Q 排序（non-significant Q sorts）。混杂 Q 排序指在两个以上的因子上的载荷值均达到显著的 Q 排序。最终提取多少个因子，建议考虑以下原则：(1) 简单性。同等条件下，因子个数越少，分析出来的群组观点越容易理解。(2) 清晰性。每条 Q 排序只在一个因子上有显著的载荷值，尽量减少因子中包含的混杂 Q 排序和不显著的 Q 排序的数量。(3) 区别性。因子之间的相关系数不宜过高，过高的相关系数说明因子之间的区别度不高。(4) 稳定性。当比较提取不同因子数量的结构时，有时候会发现某些人群倾向在不同的结构方案中都聚集在一起，表明这些个体的观点的确相近，一个好的因子往往能稳定地反映这些观点相近的群体组合（Webler *et al.* 2009）。

本示例中，提取的因子的起始数量是 4，采用主成分分析法并进行极大方差旋转后，因子矩阵的结果如表 4.5 所示，整理的 Q 排序分布信息如表 4.6 所示。

表 4.5 带标注的 4 个因子矩阵（主成分分析法）

Q 排序	载荷值			
	1	2	3	4
1 F1901	0.1800	0.6307X	0.3594	0.0005
2 F1902	0.4351X	0.0571	0.2597	0.6797X
3 F1903	0.4461X	0.0772	0.3483	0.4861X
4 F1904	0.2819	0.0208	0.7018X	0.1907
5 F1905	0.1493	0.8515X	0.1678	0.0225
6 F1906	0.2874	0.1760	0.6835X	0.3857X
7 F1907	0.7730X	0.0206	0.0082	0.4672X
8 F1908	0.3707	0.1400	0.5620X	0.4125X
9 F1909	0.6142X	0.2835	0.3117	0.3882X
10 F1910	0.2822	0.6702X	−0.3973X	0.2224
11 F1911	0.2544	0.2012	0.7187X	0.2557
12 F1912	0.6676X	0.3136	0.3221	−0.0287
13 F1913	0.1806	0.4519X	0.4459X	0.3138
14 F1914	0.5769X	0.2270	0.5927X	0.1304
15 F1915	0.6591X	0.2345	0.3074	0.3345

（待续）

（续表）

Q排序	载荷值			
	1	2	3	4
16 F1916	0.6215X	0.2438	0.4106X	−0.2506
17 F1917	0.7684X	0.1957	0.1759	0.3045
18 F1918	0.1510	0.4514X	0.3499	0.5692X
19 M1901	0.7754X	0.1389	0.2889	0.1907
20 M1902	0.0782	0.0308	0.1701	0.8333X
%解释的方差	24	12	18	15

表4.6 提取4个因子的Q排序分布

因子	Q排序的序号	Q排序的数量
因子1	12、15、17、19	4
因子2	1、5	2
因子3	4、11	2
因子4	20	1
混杂	2、3、6、7、8、9、10、13、14、16、18	11
不显著	无	0

　　从表4.5、表4.6可见，尽管这个4因子结构解释了69%的方差（24+12+18+15），但是20条Q排序中有11条是混杂Q排序，删除后只剩下9个Q排序，因此这一方案极不理想，可以考虑提取少于4个的因子。研究者可以尝试分别提取3个、两个因子的方案。考虑到混杂Q排序的数量过多，删除后将导致丢失过多信息。因此，根据Watts & Stenner（2005a，2012）的建议，将因子载荷达到显著的阈值，即从根据公式计算的0.38调高至0.45，然后通过手动标注，得到新的因子矩阵（见表4.7）和Q排序分布结果（见表4.8）。本例最后提取两个因子。从表4.8可见，上调阈值后，混杂Q排序的数量为3个，即只删除了15%的Q排序（3/20=15%），能较好地保留大部分研究对象的观点。查阅"西语学习.lis"文件，因子的相关系数为0.55，略高于本研究设定的达到显著的阈值0.45。由于本研究对象为同专业同一个班级的学生，且使

用了主成分分析法，这一相关系数或可以理解（见第四章 4.6 小节关于相关系数的讨论）。

表 4.7 带标注的两个因子矩阵（主成分分析法）

Q 排序	载荷值	
	1	2
1 F1901	0.2113	0.6508X
2 F1902	0.8101X	0.0843
3 F1903	0.7257X	0.1748
4 F1904	0.6370X	0.1858
5 F1905	0.0874	0.7862X
6 F1906	0.7495X	0.2562
7 F1907	0.6907X	0.2412
8 F1908	0.7463X	0.2414
9 F1909	0.6957X	0.4471
10 F1910	0.0065	0.5650X
11 F1911	0.6597X	0.3045
12 F1912	0.4329	0.6211X
13 F1913	0.4943X	0.4231
14 F1914	0.6542X	0.4965X
15 F1915	0.6821X	0.4430
16 F1916	0.3111	0.6193X
17 F1917	0.6465X	0.4534X
18 F1918	0.6071X	0.3207
19 M1901	0.6366X	0.4585X
20 M1902	0.7044X	−0.1612
% 解释的方差	36	19

表 4.8 提取两个因子的 Q 排序分布（主成分分析法）

因子	Q 排序的序号	Q 排序的数量
因子 1	2、3、4、6、7、8、9、11、13、15、18、20	12
因子 2	1、5、10、12、16	5
混杂	14、17、19	3
不显著	无	0

4.6　因子相关系数及双极因子

　　分析中常会遇到的一种情况是因子之间的相关系数过高。"过高"这一标准的界定往往取决于研究者。例如，Watts & Stenner（2012）以研究中因子载荷达到显著（$p<0.01$）的阈值作为判断标准，比如其研究因子载荷显著的阈值是 0.38，所以提取的因子的相关系数大于 0.38 被认为是较高。[1]但是，也有学者认为如果提取的因子其他方面的特征较好，相关系数较高并不一定是坏事，这表明两个因子可能在很多问题上有共识，只是研究者可以着眼分析因子之间的分歧点（Webler *et al.* 2009）。比如，Hamilton & Hammond（2023）的研究以 0.43 作为因子载荷显著的阈值，提取了 4 个因子，因子之间的相关系数介于 0.37—0.59。

　　当因子相关系数较高时，一般可以采取几种策略进行处理：（1）保留因子旋转后的因子结构，指出有因子存在较高相关，并在阐释数据时对这种相关性加以考虑。（2）如果使用了程序自动标注功能，则可以手动对在两个以上的因子的载荷达到显著的 Q 排序取消标注。例如，根据程序的自动标注，某条 Q 排序可能出现以下载荷值：0.55X，0.45X，0.10，即该条 Q 排序在两个因子的载荷值均达到显著，则可以手动删除对这条数据的标注。（3）对因子分析结果（一阶因子分析）进行二阶因子分析。具体操作上，将因子序列上的排序分

1　为了避免删除过多 Q 排序，可将因子载荷达到显著的阈值上调（Watts & Stenner 2005a），比如，从 0.38 调到 0.40，根据 Amanda Wolf（在 Q Methodology Network 上的个人交流，2023 年 11 月 15 日）的建议，则应相应地将 0.40 作为判断过高因子相关的阈值。

数当作 Q 排序输入到程序中，再进行一次因子分析。二阶因子分析将有助于探究一阶因子之间相关性的性质，可以参考 Moate *et al.* (2017) 的研究（Steven Brown 在 Q Methodology Network 上的个人交流，2023 年 11 月 16 日）。

分析过程中会遇到的另一种情况是双极因子（bipolar factors）。双极因子是指一个因子同时由达到显著性水平的正数载荷值和负数载荷值的 Q 排序所定义。也就是说，因子显示研究对象在某一主题上持有两种截然不同的观点或态度。当出现双极因子时，如要解释负值 Q 排序的观点，可以首先将这一因子序列中所有正值的 Q 排序转为负值（如某条陈述在因子序列中排序为 +4，则转为 –4），而所有负值的 Q 排序转为正值（如某条陈述在因子序列中排序为 –5，则转为 +5），由此形成的因子序列的观点组合就可以用于解释该负值的 Q 排序（Watts & Stenner 2012）。具体的研究示例可参考 Watts & Stenner（2005b）。

4.7　构建因子序列

确定了因子结构后，可继续构建因子序列。一个因子序列可以理解为一个单一的 Q 排序，指根据所有 Q 排序的结果计算出 Q 样本陈述在该因子的 Z 值，并根据 Z 值大小将这些陈述放回 Q 分类量表，以反映这个因子，即这一群组的主观观点。因此，因子序列可以使用表格形式显示，也可以使用 Q 分类量表的形式显示。例如，在 PQMethod 输出的"西语学习 .lis"文件中，有题为"Factor Scores – For Factor 1"和"Factor Scores – For Factor 2"的表格，以降序形式列出了两个因子中每条 Q 陈述的 Z 值，如表 4.9 和表 4.10 所示。表 4.9 和表 4.10 最右边的一列是为了读者更好理解，根据 Z 值还原每条 Q 陈述在 Q 排序表的位置（即等级）。

表 4.9　因子 1 的因子序列

序号	陈述	Z 值	排序
38	我想去西语国家旅游。	1.483	+5
45	我可以想象自己和国外朋友或者同事用西语交流。	1.362	+5
32	在"一带一路"倡议的背景下，西语十分有用。	1.142	+4

（待续）

（续表）

序号	陈述	Z值	排序
5	我的西语老师在我的学习上经常给予我有用的反馈。	1.048	+4
7	我可以想象到自己能娴熟地用西语与别人交流。	1.021	+4
33	我认为未来还会继续学西语。	0.922	+3
40	我觉得西语是一门很有吸引力的语言。	0.886	+3
11	我讲西语时，感到很高兴。	0.882	+3
2	我喜欢我们西语课上的氛围。	0.858	+3
46	懂西语对认识来自西语国家的人很有帮助。	0.853	+2
25	当想到我未来工作的时候，我可以想象自己用到西语。	0.852	+2
12	我的西语老师的上课风格很灵活有趣。	0.834	+2
47	我很努力地学习西语。	0.781	+2
28	我认为西语是世界上最重要的语言之一。	0.737	+2
24	我一定要认真学习西语，因为它会让我在未来就业中更有竞争力。	0.712	+1
35	我感到学习西语很有趣。	0.630	+1
39	我的西语老师比其他任课老师都要好。	0.625	+1
17	我可以想象到自己和说西语的外国人谈生意的情景。	0.541	+1
6	我愿意花大量时间学习西语。	0.488	+1
20	我可以想象自己在外国居住，并用西语与人讨论。	0.481	+1
43	我喜欢西语音乐。	0.460	0
29	我可以想象到自己未来在西班牙或者拉丁美洲学习或者居住。	0.429	0
13	我将来想要做的事是需要我使用西语的。	0.315	0
27	我想更多地了解来自西语国家的人。	0.308	0
34	我可以想象到自己说西语就像那些以西语为母语的人一样。	0.254	0
26	西语课大大地激发了我未来继续学习的热情。	0.083	0
42	在日常生活中，我有机会去运用西语。	0.073	0

（待续）

（续表）

序号	陈述	Z值	排序
31	如果老师给我们布置了选做的作业，我很愿意主动去完成它。	0.062	−1
10	我喜欢西语电影。	0.000	−1
8	我一定要学好西语，不然会影响我的绩点。	−0.007	−1
14	我会努力学好西语，因为将来想考取语言等级证书来证明我的西语水平。	−0.021	−1
19	我真的很喜欢西语课。	−0.188	−1
3	我不怕麻烦，一定要把西语复杂的地方搞明白。	−0.331	−1
15	我总是期待上西语课。	−0.347	−2
16	比起其他课，我更喜欢西语课上的活动。	−0.416	−2
44	学习西语有许多的资源和材料，我能够轻松地找到它们。	−0.641	−2
22	我觉得在上西语课时，时间过得更快。	−0.832	−2
23	我认为自己比其他同学学习西语更努力。	−0.948	−2
37	我一定学好西语，不然我将找不到好工作。	−1.227	−3
36	要是不学好西语，就会对我的生活产生负面影响。	−1.369	−3
1	学习西语对我很重要，假若我不了解西语，别人会认为我的学习能力差。	−1.672	−3
18	学习西语很重要是因为可以获得同学、老师或家人对我的认可。	−1.674	−3
4	学习西语很有必要，因为身边的人都期望我这么做。	−1.740	−4
9	我一定要学习西语，不然父母会对我很失望。	−1.853	−4
21	我的家人认为我必须学习西语以成为一个有文化的人。	−1.885	−4
30	学习西语的重要性在于要是我懂西语，别人就会更加尊敬我。	−1.923	−5
41	说句老实话，我真的不大愿意学西语。	−2.046	−5

表 4.10 因子 2 的因子序列

序号	陈述	Z 值	排序
32	在"一带一路"倡议的背景下，西语十分有用。	1.820	+5
8	我一定要学好西语，不然会影响我的绩点。	1.633	+5
13	我将来想要做的事是需要我使用西语的。	1.538	+4
25	当想到我未来工作的时候，我可以想象自己用到西语。	1.251	+4
33	我认为未来还会继续学西语。	1.248	+4
38	我想去西语国家旅游。	1.175	+3
36	要是不学好西语，就会对我的生活产生负面影响。	1.081	+3
6	我愿意花大量时间学习西语。	0.992	+3
11	我讲西语时，感到很高兴。	0.867	+3
45	我可以想象自己和国外朋友或者同事用西语交流。	0.828	+2
46	懂西语对认识来自西语国家的人很有帮助。	0.803	+2
24	我一定要认真学习西语，因为它会让我在未来就业中更有竞争力。	0.793	+2
14	我会努力学好西语，因为将来想考取语言等级证书来证明我的西语水平。	0.752	+2
34	我可以想象到自己说西语就像那些以西语为母语的人一样。	0.656	+2
7	我可以想象到自己能娴熟地用西语与别人交流。	0.651	+1
5	我的西语老师在我的学习上经常给予我有用的反馈。	0.640	+1
27	我想更多地了解来自西语国家的人。	0.593	+1
9	我一定要学习西语，不然父母会对我很失望。	0.530	+1
40	我觉得西语是一门很有吸引力的语言。	0.489	+1
43	我喜欢西语音乐。	0.327	+1
17	我可以想象到自己和说西语的外国人谈生意的情景。	0.167	0
4	学习西语很有必要，因为身边的人都期望我这么做。	0.104	0
35	我感到学习西语很有趣。	0.053	0
28	我认为西语是世界上最重要的语言之一。	0.047	0
37	我一定学好西语，不然我将找不到好工作。	0.042	0

（待续）

（续表）

序号	陈述	Z值	排序
39	我的西语老师比其他任课老师都要好。	−0.036	0
1	学习西语对我很重要，假若我不了解西语，别人会认为我的学习能力差。	−0.133	0
44	学习西语有许多的资源和材料，我能够轻松地找到它们。	−0.148	−1
20	我可以想象自己在外国居住，并用西语与人讨论。	−0.205	−1
31	如果老师给我们布置了选做的作业，我很愿意主动去完成它。	−0.208	−1
2	我喜欢我们西语课上的氛围。	−0.230	−1
10	我喜欢西语电影。	−0.376	−1
29	我可以想象到自己未来在西班牙或者拉丁美洲学习或者居住。	−0.487	−1
12	我的西语老师的上课风格很灵活有趣。	−0.531	−2
47	我很努力地学习西语。	−0.565	−2
42	在日常生活中，我有机会去运用西语。	−0.618	−2
3	我不怕麻烦，一定要把西语复杂的地方搞明白。	−0.755	−2
18	学习西语很重要是因为可以获得同学、老师或家人对我的认可。	−0.970	−2
26	西语课大大地激发了我未来继续学习的热情。	−1.025	−3
19	我真的很喜欢西语课。	−1.308	−3
16	比起其他课，我更喜欢西语课上的活动。	−1.312	−3
15	我总是期待上西语课。	−1.315	−3
22	我觉得在上西语课时，时间过得更快。	−1.366	−4
41	说句老实话，我真的不大愿意学西语。	−1.449	−4
30	学习西语的重要性在于要是我懂西语，别人就会更加尊敬我。	−1.828	−4
23	我认为自己比其他同学学习西语更努力。	−2.080	−5
21	我的家人认为我必须学习西语以成为一个有文化的人。	−2.131	−5

可以根据表 4.9 和表 4.10，还原所有陈述分别在两个因子的 Q 分类量表的位置。图 4.17 和图 4.18 显示了本例所得到的两个因子的图示化因子序列。

Factor 1

-5	-4	-3	-2	-1	0	+1	+2	+3	+4	+5
30	4	37	15	31	43	24	46	33	32	38
41	9	36	16	10	29	35	25	40	5	45
(2)	21	1	44	8	13	39	12	11	7	(2)
	(3)	18	22	14	27	17	47	2	(3)	
		(4)	23	19	34	6	28	(4)		
			(5)	3	26	20	(5)			
				(6)	42	(6)				
					(7)					

图 4.17　因子 1 的图示化因子序列

Factor 2

-5	-4	-3	-2	-1	0	+1	+2	+3	+4	+5
23	22	26	12	44	17	7	45	38	13	32
21	41	19	47	20	4	5	46	36	25	8
(2)	30	16	42	31	35	27	24	6	33	(2)
	(3)	15	3	2	28	9	14	11	(3)	
		(4)	18	10	37	40	34	(4)		
			(5)	29	39	43	(5)			
				(6)	1	(6)				
					(7)					

图 4.18　因子 2 的图示化因子序列

4.8　R 语言中的 qmethod 包代码操作[1]

R 语言在应用语言学研究中的应用逐渐普及，因此，本节介绍使用 R 语言的 qmethod 包进行 Q 方法分析的具体操作。以下介绍在 R 中安装和使用 qmethod 包的基本操作以及以本章示例论文的数据执行 Q 方法分析的代码。

1　原始代码可参考 https://aiorazabala.github.io/qmethod/Cookbook.html（2024 年 9 月 20 日读取）

4.8.1 在 R 中安装 qmethod 包和 csv 数据导入代码

在 R 中安装 qmethod 包 [1]

➡ install.packages ("qmethod")

加载 qmethod 包

➡ library(qmethod)

读取数据（须将西语学习的 Q 排序数据存储为 csv 格式文件）

➡ mydata <- read.csv ("西语学习 .csv")

4.8.2 检查导入数据的数量及其相关性分析代码

查看 Q 陈述和 Q 排序数量

➡ dim(mydata)

执行 Q 排序数据的相关性分析

➡ cor(mydata)

4.8.3 初次进行 Q 方法分析的代码及运行结果

使用 qmethod () 函数进行 Q 方法分析，自动执行主成分分析法和自动执行极大方差旋转

创建一个名为 'results' 的对象，并将函数 'qmethod()' 的输出放入此对象中

根据需要替换因子数 'nfactors'，示例文章的因子数为 2

➡ results <- qmethod(mydata, nfactors = 2)

查看载荷因子，results$loa 为因子载荷矩阵

➡ ound(results$loa, digits = 2)

结果如图 4.19 所示。

---

1 符号 # 后面是关于代码或操作步骤的注释，具体的代码行以形状 ➡ 做突出说明。

```
> round(results$loa, digits = 2)
        f1     f2
F1901  0.21   0.65
F1902  0.81   0.08
F1903  0.73   0.17
F1904  0.64   0.19
F1905  0.09   0.79
F1906  0.75   0.26
F1907  0.69   0.24
F1908  0.75   0.24
F1909  0.70   0.45
F1910  0.01   0.57
F1911  0.66   0.30
F1912  0.43   0.62
F1913  0.49   0.42
F1914  0.65   0.50
F1915  0.68   0.44
F1916  0.31   0.62
F1917  0.65   0.45
F1918  0.61   0.32
M1901  0.64   0.46
M1902  0.70  -0.16
```

图 4.19　因子载荷矩阵运行结果（R 语言）

查看标记的 Q 排序方法 1："TRUE" 表示该条 Q 排序在这个因子上显著。

➡ results$flag

结果如图 4.20 所示。

```
> results$flag
        flag_f1  flag_f2
F1901    FALSE     TRUE
F1902     TRUE    FALSE
F1903     TRUE    FALSE
F1904     TRUE    FALSE
F1905    FALSE     TRUE
F1906     TRUE    FALSE
F1907     TRUE    FALSE
F1908     TRUE    FALSE
F1909     TRUE    FALSE
F1910    FALSE     TRUE
F1911     TRUE    FALSE
F1912    FALSE     TRUE
F1913     TRUE    FALSE
F1914     TRUE    FALSE
F1915     TRUE    FALSE
F1916    FALSE     TRUE
F1917     TRUE    FALSE
F1918     TRUE    FALSE
M1901     TRUE    FALSE
M1902     TRUE    FALSE
```

图 4.20　方法一运行的带标记的因子载荷矩阵（R 语言）

查看标记的 Q 排序方法 2："*"表示该条 Q 排序在这个因子上显著。

➡ loa.and.flags(results)

结果如图 4.21 所示。

```
> loa.and.flags(results)

        fg1    f1 fg2    f2
F1901        0.21  *   0.65
F1902   *   0.81      0.08
F1903   *   0.73      0.17
F1904   *   0.64      0.19
F1905        0.09  *   0.79
F1906   *   0.75      0.26
F1907   *   0.69      0.24
F1908   *   0.75      0.24
F1909   *   0.70      0.45
F1910        0.01  *   0.57
F1911   *   0.66      0.30
F1912        0.43  *   0.62
F1913   *   0.49      0.42
F1914   *   0.65      0.50
F1915   *   0.68      0.44
F1916        0.31  *   0.62
F1917   *   0.65      0.45
F1918   *   0.61      0.32
M1901   *   0.64      0.46
M1902   *   0.70     -0.16
```

图 4.21　方法二运行的带标记的因子载荷矩阵（R 语言）

示例文章设置的显著 Q 排序的阈值为 0.45，F1914、F1917、M1901 在两个因子上都超过该阈值，[1] 故需要取消这三个 Q 排序的显著标记。手动取消达到显著的 Q 排序需要采取 4.8.4 小节所示步骤。

4.8.4　手动取消显著 Q 排序的代码及运行结果

加载 psych 包，该包提供许多处理心理数据的函数，包括主成分分析。

➡ library(psych)

对 mydata 数据进行主成分分析，提取两个主成分，旋转方式为极大方差旋转。

---

1 判断阈值时采用的是保留四位小数的标准（即根据表 4.7），F1909 在第二个因子的载荷值为 0.4471（见表 4.7），因此未超过 0.45 的阈值。

➡️ loa <- unclass(principal(mydata, nfactors = 2, rotate = "varimax")$loadings)

使用 qflag() 函数标记加载矩阵中显著的载荷，nstat 参数设为数据集的行数（样本个数）。

➡️ flagged <- qflag(loa = loa, nstat = nrow(mydata))

创建一个包含加载矩阵、标记矩阵和一个简要信息列表的列表对象。

➡️ results2 = list(loa = loa, flagged = flagged, brief = list(nfactors = ncol(loa)))

自动标注两个因子的显著 Q 排序

➡️ mflagged<-qflag(loa=results2$loa, nstat = 47)

手动标注 / 修改显著 Q 排序

示例文章的显著的阈值为 0.45，而 F1914、F1917、M1901 在两个因子上都超过该阈值，故需要将这三个显著的 Q 排序剔除出这两个因子

➡️ mflagged["F1914",1]<-FALSE

➡️ mflagged["F1917",1]<-FALSE

➡️ mflagged["M1901",1]<-FALSE

4.8.5 第二次执行 Q 方法分析的代码及运行结果

修改 Q 排序后，重新执行 Q 方法分析

➡️ factor<-2

➡️ results1<-qzscores(mydata,

        nfactors = 2,

        forced = TRUE,

        flagged = mflagged,

        loa = results$loa)

查看修改 Q 排序后，重新执行 Q 方法分析后的两个因子上 Q 排序带显著标记情况

➡️ loa.and.flags(results1)

结果如图 4.22 所示。

```
> loa.and.flags(results1)

          fg1    f1 fg2    f2
F1901        0.21   *  0.65
F1902    *  0.81      0.08
F1903    *  0.73      0.17
F1904    *  0.64      0.19
F1905        0.09   *  0.79
F1906    *  0.75      0.26
F1907    *  0.69      0.24
F1908    *  0.75      0.24
F1909    *  0.70      0.45
F1910        0.01   *  0.57
F1911    *  0.66      0.30
F1912        0.43   *  0.62
F1913    *  0.49      0.42
F1914        0.65      0.50
F1915    *  0.68      0.44
F1916        0.31   *  0.62
F1917        0.65      0.45
F1918    *  0.61      0.32
M1901        0.64      0.46
M1902    *  0.70     -0.16
```

图 4.22　两个因子上带显著标记 * 的 Q 排序运行结果（R 语言）

4.8.6　检查这两个因子的常见指标的代码及运行结果

查看特征值、解释的总方差和每个因子上载荷值显著的 Q 排序的数量

'av_rel_coef' 列：平均信度

'nload' 列：因子上载荷值显著的 Q 排序数量

'eigenvals' 列：特征值

'expl_var' 列：解释的方差的百分比

'reliability' 列：组合信度

'se_fscores' 列：因子得分的标准误

➡ results1$f_char$characteristics

结果如图 4.23 所示。

```
> results1$f_char$characteristics
   av_rel_coef nload eigenvals expl_var reliability se_fscores
f1         0.8    12 7.264581 36.32290   0.9795918  0.1428571
f2         0.8     5 3.844651 19.22325   0.9523810  0.2182179
```

图 4.23　因子的常见指标运行结果（R 语言）

4.8.7　检查两个因子序列的 Q 陈述的 Z 值和排序值的代码及运行结果

查看两个因子序列的 Z 值

➡ round(results1$zsc,digits = 3)

结果如图 4.24 所示。

```
> round(results1$zsc,digits = 3)
       zsc_f1 zsc_f2
 [1,] -1.672 -0.133
 [2,]  0.858 -0.230
 [3,] -0.331 -0.755
 [4,] -1.740  0.104
 [5,]  1.048  0.640
 [6,]  0.488  0.992
 [7,]  1.021  0.651
 [8,] -0.007  1.633
 [9,] -1.853  0.530
[10,]  0.000 -0.376
[11,]  0.882  0.867
[12,]  0.834 -0.531
[13,]  0.315  1.538
[14,] -0.021  0.752
[15,] -0.347 -1.315
[16,] -0.416 -1.312
[17,]  0.541  0.167
[18,] -1.674 -0.970
[19,] -0.188 -1.308
[20,]  0.481 -0.205
[21,] -1.885 -2.131
[22,] -0.832 -1.366
[23,] -0.948 -2.080
[24,]  0.712  0.793
[25,]  0.852  1.251
[26,]  0.083 -1.025
[27,]  0.308  0.593
[28,]  0.737  0.047
[29,]  0.429 -0.487
[30,] -1.923 -1.828
[31,]  0.062 -0.208
[32,]  1.142  1.820
[33,]  0.922  1.248
[34,]  0.254  0.656
[35,]  0.630  0.053
[36,] -1.369  1.081
[37,] -1.227  0.042
[38,]  1.483  1.175
[39,]  0.625 -0.036
[40,]  0.886  0.489
[41,] -2.046 -1.449
[42,]  0.073 -0.618
[43,]  0.460  0.327
[44,] -0.641 -0.148
[45,]  1.362  0.828
[46,]  0.853  0.803
[47,]  0.782 -0.565
```

图 4.24　两个因子序列的 Z 值的运行结果（R 语言）

\# 查看两个因子序列的 Q 陈述在两个因子上的排序值

➡ results1$zsc_n

结果如图 4.25 所示。

```
> results1$zsc_n
       fsc_f1 fsc_f2
 [1,]      -3      0
 [2,]       3     -1
 [3,]      -1     -2
 [4,]      -4      0
 [5,]       4      1
 [6,]       1      3
 [7,]       4      1
 [8,]      -1      5
 [9,]      -4      1
[10,]      -1     -1
[11,]       3      3
[12,]       2     -2
[13,]       0      4
[14,]      -1      2
[15,]      -2     -3
[16,]      -2     -3
[17,]       1      0
[18,]      -3     -2
[19,]      -1     -3
[20,]       1     -1
[21,]      -4     -5
[22,]      -2     -4
[23,]      -2     -5
[24,]       1      2
[25,]       2      4
[26,]       0     -3
[27,]       0      1
[28,]       2      0
[29,]       0     -1
[30,]      -5     -4
[31,]      -1     -1
[32,]       4      5
[33,]       3      4
[34,]       0      2
[35,]       1      0
[36,]      -3      3
[37,]      -3      0
[38,]       5      3
[39,]       1      0
[40,]       3      1
[41,]      -5     -4
[42,]       0     -2
[43,]       0      1
[44,]      -2     -1
[45,]       5      2
[46,]       2      2
[47,]       2     -2
```

图 4.25   两个因子序列的排序值的运行结果（R 语言）

\# 将两个因子的 Z 值和排序值合并

➡ scores <- cbind(round(results1\$zsc, digits=3), results1\$zsc_n)

\# 提取因子 1 的 Z 值和排序值

➡ sorted_f1<-scores[,c（"zsc_f1"，"fsc_f1"）]

➡ sorted_f1

\# 将提取的向量（即以上数值）转成数据框

➡ sorted_f1<-as.data.frame(sorted_f1)

\# Q 陈述按 Z 值大小升序

➡ sorted_f1[order(sorted_f1\$zsc_f1),]

结果如图 4.26 所示。

```
> sorted_f1[order(sorted_f1$zsc_f1),]
   zsc_f1 fsc_f1
41 -2.046     -5
30 -1.923     -5
21 -1.885     -4
9  -1.853     -4
4  -1.740     -4
18 -1.674     -3
1  -1.672     -3
36 -1.369     -3
37 -1.227     -3
23 -0.948     -2
22 -0.832     -2
44 -0.641     -2
16 -0.416     -2
15 -0.347     -2
3  -0.331     -1
19 -0.188     -1
14 -0.021     -1
8  -0.007     -1
10  0.000     -1
31  0.062     -1
42  0.073      0
26  0.083      0
34  0.254      0
27  0.308      0
13  0.315      0
29  0.429      0
43  0.460      0
20  0.481      1
6   0.488      1
17  0.541      1
39  0.625      1
35  0.630      1
24  0.712      1
28  0.737      2
47  0.782      2
12  0.834      2
25  0.852      2
46  0.853      2
2   0.858      3
11  0.882      3
40  0.886      3
33  0.922      3
7   1.021      4
5   1.048      4
32  1.142      4
45  1.362      5
38  1.483      5
```

图 4.26　合并显示一个因子的 Z 值和排序值的运行结果（R 语言）

4.8.8　运行两个因子的 Z 值的相关分析

查看两个因子的 Z 值的相关系数

➡ round(results1$f_char$cor_zsc,digits = 2)

结果如图 4.27 所示。

```
> round(results1$f_char$cor_zsc,digits = 2)
        zsc_f1 zsc_f2
zsc_f1   1.00   0.55
zsc_f2   0.55   1.00
```

图 4.27　两个因子 Z 值的相关系数运行结果（R 语言）

4.8.9　运行区别性陈述和共识性陈述的代码和运行结果

查看两个因子的区别性陈述（distinguishing statements）和共识性陈述（consensus statements）

➡ results1[[8]] <- qdc(mydata,

　　　　　　　nfactors = 2,

　　　　　　　zsc = results1[[5]],

　　　　　　　sed = as.data.frame(results1[[7]][[3]]))

➡ names(results1)[8] <- "qdc"

比较共识性陈述和区别性陈述在因子上的排序值的 Z 值

➡ format(results1$qdc, digits = 2,nsmall=1)

结果如图 4.28 所示。

```
> format(results1$qdc, digits = 2,nsmall=1)
      dist.and.cons  f1_f2 sig_f1_f2
1  Distinguishing -1.540       6*
2  Distinguishing  1.088       ***
3       Consensus  0.424
4  Distinguishing -1.844       6*
5       Consensus  0.409
6       Consensus -0.504
7       Consensus  0.370
8  Distinguishing -1.640       6*
9  Distinguishing -2.383       6*
10      Consensus  0.376
11      Consensus  0.015
12 Distinguishing  1.365       6*
13 Distinguishing -1.223       ***
14 Distinguishing -0.772       **
15 Distinguishing  0.968       ***
16 Distinguishing  0.896       ***
17      Consensus  0.374
18 Distinguishing -0.704       **
19 Distinguishing  1.120       ***
20 Distinguishing  0.687       **
21      Consensus  0.246
22 Distinguishing  0.534       *
23 Distinguishing  1.132       ***
24      Consensus -0.081
25      Consensus -0.399
26 Distinguishing  1.108       ***
27      Consensus -0.285
28 Distinguishing  0.690       **
29 Distinguishing  0.915       ***
30      Consensus -0.095
31      Consensus  0.270
32 Distinguishing -0.677       **
33      Consensus -0.326
34      Consensus -0.401
35 Distinguishing  0.577       *
36 Distinguishing -2.451       6*
37 Distinguishing -1.269       ***
38      Consensus  0.308
39 Distinguishing  0.661       *
40      Consensus  0.397
41 Distinguishing -0.597       *
42 Distinguishing  0.691       **
43      Consensus  0.133
44      Consensus -0.493
45 Distinguishing  0.534       *
46      Consensus  0.050
47 Distinguishing  1.346       6*
```

图 4.28　比较共识性陈述和区别性陈述在因子上的排序值的 Z 值的运行结果
（R 语言）

\# 仅查看共识性陈述

➡ format(results1$qdc[which(results1$qdc$dist.and.cons == "Consensus"),],
digits=2,nsmall=1)

结果如图 4.29 所示。

```
> format(results1$qdc[which(results1$qdc$dist.and.cons == "Consensus"), ], digits=2,nsmall=1)
   dist.and.cons  f1_f2 sig_f1_f2
3      Consensus  0.424
5      Consensus  0.409
6      Consensus -0.504
7      Consensus  0.370
10     Consensus  0.376
11     Consensus  0.015
17     Consensus  0.374
21     Consensus  0.246
24     Consensus -0.081
25     Consensus -0.399
27     Consensus -0.285
30     Consensus -0.095
31     Consensus  0.270
33     Consensus -0.326
34     Consensus -0.401
38     Consensus  0.308
40     Consensus  0.397
43     Consensus  0.133
44     Consensus -0.493
46     Consensus  0.050
```

图 4.29　查看共识性陈述的运行结果（R 语言）

仅查看区别性陈述

➡ format(results1$qdc[which(results1$qdc$dist.and.cons == "Distinguishing"),],

digits=2,nsmall=1)

结果如图 4.30 所示。

```
> format(results1$qdc[which(results1$qdc$dist.and.cons == "Distinguishing"), ],digits=2,nsmall=1)
    dist.and.cons f1_f2 sig_f1_f2
1  Distinguishing -1.54       6*
2  Distinguishing  1.09      ***
4  Distinguishing -1.84       6*
8  Distinguishing -1.64       6*
9  Distinguishing -2.38       6*
12 Distinguishing  1.37       6*
13 Distinguishing -1.22      ***
14 Distinguishing -0.77       **
15 Distinguishing  0.97      ***
16 Distinguishing  0.90      ***
18 Distinguishing -0.70       **
19 Distinguishing  1.12      ***
20 Distinguishing  0.69       **
22 Distinguishing  0.53        *
23 Distinguishing  1.13      ***
26 Distinguishing  1.11      ***
28 Distinguishing  0.69       **
29 Distinguishing  0.92      ***
32 Distinguishing -0.68       **
35 Distinguishing  0.58        *
36 Distinguishing -2.45       6*
37 Distinguishing -1.27      ***
39 Distinguishing  0.66        *
41 Distinguishing -0.60        *
42 Distinguishing  0.69       **
45 Distinguishing  0.53        *
47 Distinguishing  1.35       6*
```

图 4.30　查看区别性陈述的运行结果（R 语言）

4.8.10　输出运行结果的代码

\# 输出因子载荷的 Z 值，并以 csv 格式存储

➡ write.csv(results$zsc, file = "zscores.csv")

\# 输出因子得分，并以 csv 格式存储

➡ write.csv(results$zsc_n, file = "factorscores.csv")

\# 输出 Q 排序的因子载荷，并以 csv 格式存储

➡ write.csv (results$loa, file = "loadings.csv")

4.9　论文汇报示例

论文中，对于 Q 方法的因子分析过程要详细描述，包括因子提取和因子旋转的方法以及确定因子结构的标准等。上述的因子分析过程可以汇报如下：

> 本研究使用 PQMethod 软件对收集到的 Q 排序进行分析。按照 Watts & Stenner（2012）建议的分析步骤，采用了主成分分析法，[1] 并根据因子矩阵中两个最高的载荷值的乘积高于标准误的因子被视为显著这一标准，将该因子提取出来。接着执行权大方差旋转。对于一组 47 个项目，因子载荷高于 0.38（$p<0.01$）可以认为达到显著（Watts & Stenner 2012）。本研究采用了 0.45 的阈值标准，以便尽量减少需要删除的混杂 Q 排序的数量（见Watts & Stenner 2005a）。经过几轮试验，得到了一个两因子解决方案，解释了 55% 的方差，并通过每个 Q 排序中的因子权重构建了因子序列。

练习四

1. 假设研究者拟使用第三章练习题的 47 条 Q 陈述，在 18 名高中英语教师中开展一项 Q 方法研究，你认为可以提出什么研究问题？

2. 假设收集到以下 18 条 Q 排序，请使用 PQMethod 输入数据，项目名称为"教

---

1 Peng & Wu（2024）文章中的"质心分析法"应为"主成分分析法"。

师研究"。请采用质心提取法和极大方差旋转进行分析，判断提取多少个因子较为合适？

编号说明：性别（首字母，F为女性，M为男性）＋是否担任班主任（第2个字母Y是班主任，N是非班主任）＋年龄（第1、2位数字，如33即33岁）＋教龄（第3、4位数字，如10即10年的教龄）＋顺序号（第5、6位数字）。例如，下面第一条Q排序的编号为FY290601，即该名参与者为女性，担任班主任，29岁，教龄为6年，在本研究中的顺序号是第1号。在这18名参与教师中，只有第11名（MY300311）是硕士研究生学历，其他均为本科学历。由于编号长度只能是8位，因此没有将学历写进编号。

编号：FY290601

-5	-4	-3	-2	-1	0	+1	+2	+3	+4	+5
11	8	5	20	2	1	4	17	9	39	24
22	10	6	29	26	3	7	18	23	46	44
	42	13	31	28	12	19	27	36	47	
		15	32	30	41	21	33	14		
			34	37	16	40	35			
				38	25	43				
					45					

编号：FN310902

-5	-4	-3	-2	-1	0	+1	+2	+3	+4	+5
36	6	5	3	13	23	1	4	24	9	2
45	29	20	14	26	10	11	28	22	16	33
	37	38	15	19	27	12	31	32	18	
		7	40	21	17	46	8	41		
			34	30	43	25	44			
				39	35	47				
					42					

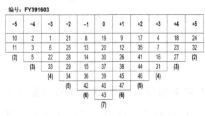

编号：FY391603

-5	-4	-3	-2	-1	0	+1	+2	+3	+4	+5
10	2	1	21	8	19	9	17	4	18	24
11	3	6	25	13	20	12	35	7	23	32
	5	22	28	14	30	26	41	16	27	
		33	29	37	38	44	31	15		
			34	36	39	45	46			
				42	40	47				
					43					

编号：FN502604

-5	-4	-3	-2	-1	0	+1	+2	+3	+4	+5
3	5	10	6	1	2	12	4	7	26	9
15	8	11	13	34	14	16	18	21	41	19
	42	24	36	20	27	23	38	28	46	
		43	29	37	22	31	25	17		
			45	40	30	32	47			
				44	33	35				
					39					

编号：FN371305

-5	-4	-3	-2	-1	0	+1	+2	+3	+4	+5
11	6	1	2	25	12	7	4	21	19	17
13	8	3	10	35	14	18	16	29	28	31
	15	5	30	27	33	44	9	20	37	
		34	32	42	22	41	26	39		
			38	43	23	46	36			
				45	24	47				
					40					

编号：FY391606

-5	-4	-3	-2	-1	0	+1	+2	+3	+4	+5
39	21	30	8	2	32	19	5	1	24	18
45	34	40	10	3	33	22	9	4	31	28
	36	42	15	12	37	23	7	11	41	
		43	26	14	38	25	6	20		
			35	16	44	27	13			
				17	46	29				
					47					

编号：FY351207

	-5	-4	-3	-2	-1	0	+1	+2	+3	+4	+5
	5	8	3	1	2	12	19	23	4	7	9
	15	10	11	6	20	25	21	24	17	16	28
(2)		22	13	26	31	27	30	41	32	18	
(3)			14	40	34	29	33	44	36		
(4)				42	45	35	37	46			
(5)					47	38	39				
(6)						43					
(7)											

编号：FN391608

	-5	-4	-3	-2	-1	0	+1	+2	+3	+4	+5
	10	5	1	13	4	37	19	20	17	9	16
	11	6	2	14	7	38	30	21	18	12	31
(2)		8	3	22	26	39	32	23	24	25	
(3)			15	42	29	43	33	27	41		
(4)				45	36	44	34	28			
(5)					40	46	35				
(6)						47					
(7)											

编号：FY341009

	-5	-4	-3	-2	-1	0	+1	+2	+3	+4	+5
	26	24	8	19	12	28	1	4	5	3	6
	39	29	20	21	13	31	2	9	10	15	7
(2)		37	25	35	14	32	33	16	11	41	
(3)			27	36	22	40	38	18	17		
(4)				45	23	42	46	30			
(5)					34	43	47				
(6)						44					
(7)											

编号：FN331010

	-5	-4	-3	-2	-1	0	+1	+2	+3	+4	+5
	5	6	3	10	7	4	17	1	16	19	9
	11	34	8	12	20	14	23	2	18	24	31
(2)		45	13	30	21	22	25	27	32	46	
(3)			15	37	26	33	28	36	44		
(4)				40	29	35	38	41			
(5)					42	43	39				
(6)						47					
(7)											

编号：MY300311

	-5	-4	-3	-2	-1	0	+1	+2	+3	+4	+5
	2	3	20	26	4	6	12	17	1	14	46
	15	5	21	30	8	7	18	33	31	16	47
(2)		10	29	35	13	9	19	34	32	45	
(3)			36	39	23	11	22	37	41		
(4)				40	42	25	24	38			
(5)					43	28	27				
(6)						44					
(7)											

编号：MY401612

	-5	-4	-3	-2	-1	0	+1	+2	+3	+4	+5
	1	8	2	5	24	4	16	9	19	22	27
	11	3	6	25	7	18	25	17	18	40	31
(2)		15	14	10	28	12	26	23	36	37	
(3)			20	30	34	39	29	32	41		
(4)				37	36	45	42	33			
(5)					38	46	44				
(6)						47					
(7)											

编号：MN421713

	-5	-4	-3	-2	-1	0	+1	+2	+3	+4	+5
	20	1	1	3	1	2	4	21	7	28	23
	42	22	6	8	5	9	26	36	29	30	24
(2)		34	10	11	12	14	41	38	33	31	
(3)			18	17	15	16	44	39	35		
(4)				37	43	19	46	40			
(5)					45	25	47				
(6)						32					
(7)											

编号：MN492714

	-5	-4	-3	-2	-1	0	+1	+2	+3	+4	+5
	10	1	3	6	2	5	9	23	4	18	19
	42	11	7	8	24	14	15	27	33	30	41
(2)		13	12	35	25	16	21	29	38	32	
(3)			45	37	26	17	31	34	46		
(4)				39	43	20	36	44			
(5)					47	22	40				
(6)						28					
(7)											

编号：FN442115

	-5	-4	-3	-2	-1	0	+1	+2	+3	+4	+5
	22	12	2	10	1	5	30	7	24	9	35
	37	15	3	11	4	16	32	18	25	31	41
(2)		39	6	14	13	26	33	19	28	46	
(3)			8	17	23	27	34	20	44		
(4)				45	36	29	38	21			
(5)					40	42	47				
(6)						43					
(7)											

编号：FN240216

	-5	-4	-3	-2	-1	0	+1	+2	+3	+4	+5
	1	2	6	13	21	28	4	17	30	27	24
	5	3	8	14	23	29	7	18	33	38	32
(2)		15	10	22	26	31	9	19	39	46	
(3)			25	35	43	12	20	41			
(4)				42	37	44	16	34			
(5)					40	45	36				
(6)						47					
(7)											

编号：FY331017

	-5	-4	-3	-2	-1	0	+1	+2	+3	+4	+5
	8	1	3	2	6	12	14	18	7	4	16
	11	15	5	26	34	13	19	20	9	17	24
(2)		37	10	29	39	22	23	27	21	44	
(3)			33	35	40	25	31	28	41		
(4)				36	42	38	32	30			
(5)					43	45	46				
(6)						47					
(7)											

编号：FY371518

	-5	-4	-3	-2	-1	0	+1	+2	+3	+4	+5
	10	5	1	7	12	21	2	25	4	6	19
	20	8	3	13	17	23	6	35	18	16	41
(2)		11	14	30	32	34	22	35	28	24	
(3)			15	37	39	36	27	44	31		
(4)				43	40	38	29	46			
(5)					45	42	33				
(6)						47					
(7)											

第五章 Q 方法的结果解读

完成因子分析并确定了因子结构，只是完成了部分的分析工作。如前所述，Q 方法本质上是一种混合方法，因子旋转和因子提取等步骤得出了定量分析结果，而对因子的解读则需要结合理论，对因子序列、Q 陈述以及研究对象的特征等因素做综合分析。本章着重介绍如何对 Q 方法的结果进行解读。

5.1 细读因子序列

Q 方法中解读因子分析结果要遵从总体性（holistic）原则，即综合考虑因子序列中的各种信息，对群组的观点组态进行全面分析。解读因子分析结果的第一个步骤是细读因子序列，查看每个因子中 Z 值最高和最低的 Q 陈述、因子之间相似度最高和最低的 Q 陈述，以及每个因子中研究对象的特征以及其 Q 排序结果。可以根据因子序列，定位某个因子上研究对象最同意和最不同意的陈述（如排序为 +5、+4、−5、−4 的陈述），这些陈述称为特征陈述（definitive statements），对这些陈述的同意和不同意的程度反映了这一因子所包括的研究对象的观点组合。表 5.1 和表 5.2 显示了本示例研究中两个因子的特征陈述。

表 5.1 因子 1 中最同意和最不同意的 Q 陈述

	因子 1 的特征陈述	排序	Z 值
最同意	38. 我想去西语国家旅游。	+5	1.483
	45. 我可以想象自己和国外朋友或者同事用西语交流。	+5	1.362
	32. 在"一带一路"倡议的背景下，西语十分有用。	+4	1.142
	5. 我的西语老师在我的学习上经常给予我有用的反馈。	+4	1.048
	7. 我可以想象到自己能娴熟地用西语与别人交流。	+4	1.021

（待续）

（续表）

	因子 1 的特征陈述	排序	Z 值
最不同意	41. 说句老实话，我真的不大愿意学西语。	−5	−2.046
	30. 学习西语的重要性在于要是我懂西语，别人就会更加尊敬我。	−5	−1.923
	21. 我的家人认为我必须学习西语以成为一个有文化的人。	−4	−1.885
	9. 我一定要学习西语，不然父母会对我很失望。	−4	−1.853
	4. 学习西语很有必要，因为身边的人都期望我这么做。	−4	−1.740

表 5.2　因子 2 中最同意和最不同意的 Q 陈述

	因子 2 的特征陈述	排序	Z 值
最同意	32. 在"一带一路"倡议的背景下，西语十分有用。	+5	1.820
	8. 我一定要学好西语，不然会影响我的绩点。	+5	1.633
	13. 我将来想要做的事是需要我使用西语的。	+4	1.538
	25. 当想到我未来工作的时候，我可以想象自己用到西语。	+4	1.251
	33. 我认为未来还会继续学西语。	+4	1.248
最不同意	21. 我的家人认为我必须学习西语以成为一个有文化的人。	−5	−2.131
	23. 我认为自己比其他同学学习西语更努力。	−5	−2.080
	30. 学习西语的重要性在于要是我懂西语，别人就会更加尊敬我。	−4	−1.828
	41. 说句老实话，我真的不大愿意学西语。	−4	−1.449
	22. 我觉得在上西语课时，时间过得更快。	−4	−1.366

结合本研究的理论框架（见第一章 1.7 小节），即基于二语动机自我系统理论（Dörnyei 2009）以及 Lanvers（2016）提出的四大立场进行分析。Lanvers（2016）提出的四大立场包括：他者 / 应该（他者视角下的应该自我）、他者 /理想（他者视角下的理想自我）、自己 / 应该（自己视角下的应该自我）、自己 /

理想（自己视角下的理想自我）。对比表 5.1 和表 5.2 可见，因子 1 似乎更体现出群组对西语和西语文化的兴趣（38：+5）[1]，对自己未来在工作和生活场景中使用西语的想象（45：+5）。相比较之下，因子 2 倾向反映群组对于学习西语的实用性的关注（32：+5；8：+5），体现了促进调节定向的特征。值得注意的是，该群组对第 22 条（我觉得在上西语课时，时间过得更快）表示最不同意，说明其对课堂教学环境的看法可能不太积极。诚然，对因子的解读不能仅仅分析这些特征陈述，还需要查看因子之间一致和不一致的陈述。

除了分析因子的特征陈述外，也应分析因子之间 Q 排序的异同，主要可查看输出的 lis 格式的文件中的因子之间的差异降序排列（descending array of differences between factors）、区别性陈述和共识性陈述。因子之间的差异降序排列显示了每条 Q 排序在每对因子载荷的 Z 值之间的差异，差异以降序形式显示；如果研究提取了 3 个因子，就会输出因子 1 与因子 2、因子 1 与因子 3、因子 2 与因子 3 共 3 个对比表格。本示例只提取了因子 1 和因子 2，表 5.3 显示了这两个因子之间的差异降序排列，表格中的"类型"指因子。

表 5.3 因子 1 和因子 2 之间的差异降序排列

序号	陈述	类型 1	类型 2	差异
12	我的西语老师的上课风格很灵活有趣。	0.834	−0.531	1.365
47	我很努力地学习西语。	0.781	−0.565	1.346
23	我认为自己比其他同学学习西语更努力。	−0.948	−2.080	1.132
19	我真的很喜欢西语课。	−0.188	−1.308	1.120
26	西语课大大地激发了我未来继续学习的热情。	0.083	−1.025	1.108
2	我喜欢我们西语课上的氛围。	0.858	−0.230	1.088
15	我总是期待上西语课。	−0.347	−1.315	0.968
29	我可以想象到自己未来在西班牙或者拉丁美洲学习或者居住。	0.429	−0.487	0.916

（待续）

---

1 描述 Q 方法的因子特征时，常将陈述语句或其对应内容融入对群组观点的描写，在陈述语句或对应内容后的括号里，写出陈述的编号以及该条陈述在这一因子的排序值，以冒号相隔。比如，（38：+5）表示第 38 条陈述在本因子的排序是 +5，即该群组对这条陈述最同意。

（续表）

序号	陈述	类型 1	类型 2	差异
16	比起其他课，我更喜欢西语课上的活动。	−0.416	−1.312	0.896
42	在日常生活中，我有机会去运用西语。	0.073	−0.618	0.691
28	我认为西语是世界上最重要的语言之一。	0.737	0.047	0.690
20	我可以想象自己在外国居住，并用西语与人讨论。	0.481	−0.205	0.686
39	我的西语老师比其他任课老师都要好。	0.625	−0.036	0.661
35	我感到学习西语很有趣。	0.630	0.053	0.577
45	我可以想象自己和国外朋友或者同事用西语交流。	1.362	0.828	0.534
22	我觉得在上西语课时，时间过得更快。	−0.832	−1.366	0.534
3	我不怕麻烦，一定要把西语复杂的地方搞明白。	−0.331	−0.755	0.424
5	我的西语老师在我的学习上经常给予我有用的反馈。	1.048	0.640	0.408
40	我觉得西语是一门很有吸引力的语言。	0.886	0.489	0.397
10	我喜欢西语电影。	0.000	−0.376	0.376
17	我可以想象到自己和说西语的外国人谈生意的情景。	0.541	0.167	0.374
7	我可以想象到自己能娴熟地用西语与别人交流。	1.021	0.651	0.370
38	我想去西语国家旅游。	1.483	1.175	0.308
31	如果老师给我们布置了选做的作业，我很愿意主动去完成它。	0.062	−0.208	0.270
21	我的家人认为我必须学习西语以成为一个有文化的人。	−1.885	−2.131	0.246
43	我喜欢西语音乐。	0.460	0.327	0.133
46	懂西语对认识来自西语国家的人很有帮助。	0.853	0.803	0.050
11	我讲西语时，感到很高兴。	0.882	0.867	0.015
24	我一定要认真学习西语，因为它会让我在未来就业中更有竞争力。	0.712	0.793	−0.081

（待续）

(续表)

序号	陈述	类型1	类型2	差异
30	学习西语的重要性在于要是我懂西语，别人就会更加尊敬我。	−1.923	−1.828	−0.095
27	我想更多地了解来自西语国家的人。	0.308	0.593	−0.285
33	我认为未来还会继续学西语。	0.922	1.248	−0.326
25	当想到我未来工作的时候，我可以想象自己用到西语。	0.852	1.251	−0.399
34	我可以想象到自己说西语就像那些以西语为母语的人一样。	0.254	0.656	−0.402
44	学习西语有许多的资源和材料，我能够轻松地找到它们。	−0.641	−0.148	−0.493
6	我愿意花大量时间学习西语。	0.488	0.992	−0.504
41	说句老实话，我真的不大愿意学西语。	−2.046	−1.449	−0.597
32	在"一带一路"倡议的背景下，西语十分有用。	1.142	1.820	−0.678
18	学习西语很重要是因为可以获得同学、老师或家人对我的认可。	−1.674	−0.970	−0.704
14	我会努力学好西语，因为将来想考取语言等级证书来证明我的西语水平。	−0.021	0.752	−0.773
13	我将来想要做的事是需要我使用西语的。	0.315	1.538	−1.223
37	我一定学好西语，不然我将找不到好工作。	−1.227	0.042	−1.269
1	学习西语对我很重要，假若我不了解西语，别人会认为我的学习能力差。	−1.672	−0.133	−1.539
8	我一定要学好西语，不然会影响我的绩点。	−0.007	1.633	−1.640
4	学习西语很有必要，因为身边的人都期望我这么做。	−1.740	0.104	−1.844
9	我一定要学习西语，不然父母会对我很失望。	−1.853	0.530	−2.383
36	要是不学好西语，就会对我的生活产生负面影响。	−1.369	1.081	−2.450

注：由于计算过程采用了四舍五入，表中数据与软件输出结果有细微差别，但这不影响最终的分析与结论。

根据表 5.3，对"差异"一列的数值求绝对值后，将两个因子之间 Z 值差异的绝对值从大到小排列，可以发现差异值排在前 10 的 Q 陈述依次是第 36、9、4、8、1、12、47、37、13、23 条陈述。此外，表 5.3 的顶端显示因子 1 对第 12（我的西语老师的上课风格很灵活有趣）、47（我很努力地学习西语）、23（我认为自己比其他同学学习西语更努力）条陈述比因子 2 持更认同的态度，而表格底端则表明相较于因子 1，因子 2 更倾向认同第 36（要是不学好西语，就会对我的生活产生负面影响）、9（我一定要学习西语，不然父母会对我很失望）、4（学习西语很有必要，因为身边的人都期望我这么做）、8（我一定要学好西语，不然会影响我的绩点）、1（学习西语对我很重要，假若我不了解西语，别人会认为我的学习能力差）、37（我一定学好西语，不然我将找不到好工作）、13（我将来想要做的事是需要我使用西语的）条陈述。

区别性陈述指使得一个因子的观点显著（如 $p<0.01$）区别于其他因子的观点的 Q 陈述。在输出的 lis 格式的文件中能查看这些区别性陈述，如表 5.4 所示。

表 5.4　区别性陈述

序号	陈述	因子			
		1		2	
		Q-SV	Z-SCR	Q-SV	Z-SCR
45	我可以想象自己和国外朋友或者同事用西语交流。	+5	1.36	+2	0.83
32	在"一带一路"倡议的背景下，西语十分有用。	+4	1.14*	+5	1.82
2	我喜欢我们西语课上的氛围。	+3	0.86*	−1	−0.23
12	我的西语老师的上课风格很灵活有趣。	+2	0.83*	−2	−0.53
47	我很努力地学习西语。	+2	0.78*	−2	−0.57
28	我认为西语是世界上最重要的语言之一。	+2	0.74*	0	0.05
35	我感到学习西语很有趣。	+1	0.63	0	0.05
39	我的西语老师比其他任课老师都要好。	+1	0.62	0	−0.04

（待续）

（续表）

序号	陈述	因子			
		1		2	
		Q-SV	Z-SCR	Q-SV	Z-SCR
20	我可以想象自己在外国居住，并用西语与人讨论。	+1	0.48*	−1	−0.21
29	我可以想象到自己未来在西班牙或者拉丁美洲学习或者居住。	0	0.43*	−1	−0.49
13	我将来想要做的事是需要我使用西语的。	0	0.32*	+4	1.54
26	西语课大大地激发了我未来继续学习的热情。	0	0.08*	−3	−1.03
42	在日常生活中，我有机会去运用西语。	0	0.07*	−2	−0.62
8	我一定要学好西语，不然会影响我的绩点。	−1	−0.01*	+5	1.63
14	我会努力学好西语，因为将来想考取语言等级证书来证明我的西语水平。	−1	−0.02*	+2	0.75
19	我真的很喜欢西语课。	−1	−0.19*	−3	−1.31
15	我总是期待上西语课。	−2	−0.35*	−3	−1.32
16	比起其他课，我更喜欢西语课上的活动。	−2	−0.42*	−3	−1.31
22	我觉得在上西语课时，时间过得更快。	−2	−0.83	−4	−1.37
23	我认为自己比其他同学学习西语更努力。	−2	−0.95*	−5	−2.08
37	我一定学好西语，不然我将找不到好工作。	−3	−1.23*	0	0.04
36	要是不学好西语，就会对我的生活产生负面影响。	−3	−1.37*	+3	1.08
1	学习西语对我很重要，假若我不了解西语，别人会认为我的学习能力差。	−3	−1.67*	0	−0.13
18	学习西语很重要是因为可以获得同学、老师或家人对我的认可。	−3	−1.67*	−2	−0.97
4	学习西语很有必要，因为身边的人都期望我这么做。	−4	−1.74*	0	0.10
9	我一定要学习西语，不然父母会对我很失望。	−4	−1.85*	+1	0.53
41	说句老实话，我真的不大愿意学西语。	−5	−2.05	−4	−1.45

表 5.4 中，Q-SV（Q-Sort Value）指 Q 陈述在因子的排序值，Z-SCR（Z-Score）指 Z 值。表 5.4 表明，表中所列的 Q 陈述在 0.05 水平上显著区分了因子 1 和因子 2。其中，Z 值带 * 的 Q 陈述（如第 32、2、12、47 等）则在 $p<0.01$ 水平上显著区分了因子 1 和因子 2。这些在因子之间存在显著差异的 Q 陈述所传递的信息非常重要，在进行总体性分析以及最后生成对分析结果的叙述时，可以着眼于对这些区别性陈述的解读（Webler *et al.* 2009）。

此外，Q 方法研究不但探讨群组之间观点的差异，也应探讨群组之间观点的共性，即分析共识性陈述。共识性陈述指在任意两个因子之间 Z 值在 0.01 水平上没有显著差异的 Q 陈述（Brown 1980）。在输出的 lis 格式的文件中，可以查看共识性陈述，本示例的共识性陈述如表 5.5 所示。

表 5.5 共识性陈述

序号	陈述	因子			
		1		2	
		Q-SV	Z-SCR	Q-SV	Z-SCR
3*	我不怕麻烦，一定要把西语复杂的地方搞明白。	−1	−0.33	−2	−0.76
5*	我的西语老师在我的学习上经常给予我有用的反馈。	+4	1.05	+1	0.64
6*	我愿意花大量时间学习西语。	+1	0.49	+3	0.99
7*	我可以想象到自己能娴熟地用西语与别人交流。	+4	1.02	+1	0.65
10*	我喜欢西语电影。	−1	0.00	−1	−0.38
11*	我讲西语时，感到很高兴。	+3	0.88	+3	0.87
17*	我可以想象到自己和说西语的外国人谈生意的情景。	+1	0.54	0	0.17
21*	我的家人认为我必须学习西语以成为一个有文化的人。	−4	−1.88	−5	−2.13
22	我觉得在上西语课时，时间过得更快。	−2	−0.83	−4	−1.37
24*	我一定要认真学习西语，因为它会让我在未来就业中更有竞争力。	+1	0.71	+2	0.79

（待续）

（续表）

序号	陈述	因子			
		1		2	
		Q-SV	Z-SCR	Q-SV	Z-SCR
25*	当想到我未来工作的时候，我可以想象自己用到西语。	+2	0.85	+4	1.25
27*	我想更多地了解来自西语国家的人。	0	0.31	+1	0.59
30*	学习西语的重要性在于要是我懂西语，别人就会更加尊敬我。	−5	−1.92	−4	−1.83
31*	如果老师给我们布置了选做的作业，我很愿意主动去完成它。	−1	0.06	−1	−0.21
33*	我认为未来还会继续学西语。	+3	0.92	+4	1.25
34*	我可以想象到自己说西语就像那些以西语为母语的人一样。	0	0.25	+2	0.66
35	我感到学习西语很有趣。	+1	0.63	0	0.05
38*	我想去西语国家旅游。	+5	1.48	+3	1.18
39	我的西语老师比其他任课老师都要好。	+1	0.62	0	−0.04
40*	我觉得西语是一门很有吸引力的语言。	+3	0.89	+1	0.49
41	说句老实话，我真的不大愿意学西语。	−5	−2.05	−4	−1.45
43*	我喜欢西语音乐。	0	0.46	+1	0.33
44*	学习西语有许多的资源和材料，我能够轻松地找到它们。	−2	−0.64	−1	−0.15
45	我可以想象自己和国外朋友或者同事用西语交流。	+5	1.36	+2	0.83
46*	懂西语对认识来自西语国家的人很有帮助。	+2	0.85	+2	0.80

表 5.5 显示了根据 Z 值计算的共识性陈述（$p>0.01$），其中带 * 的是在 0.05 水平上不显著的共识性陈述（$p>0.05$）。值得注意的是，表 5.5 中不带星号的 Q 陈述也出现在表 5.4 中（如第 22、35、39、41、45 条陈述），因此，研究者需要根据具体的研究情况做出判断。此外，由于本实例只提取了两个因子，如果提取的因子数量较多，共识性陈述的数量会减少，因为共识性陈述基于 Q 陈述

在所有因子上的 Z 值计算，因子越多，因子之间的差异越大，使得 Q 陈述在所有因子上的 Z 值相接近的可能性降低。

5.2　制作因子解读备忘单

制作备忘单（crib sheet）的目的是确保研究者不会遗漏或忽视任何不显著的 Q 排序信息，这个过程能使研究者更容易获得对因子的整体观点的理解，并且将生成因子最终解释所需的所有必要信息都纳入考虑。备忘单的制作是基于包含所有因子的因子序列，这个因子序列可以在程序输出的 lis 格式的文件中的"Factor Q-Sort Values for Each Statement"下找到。本示例中两个因子的因子序列如表 5.6 所示。

表 5.6　本研究中两个因子的因子序列

序号	陈述	因子	
		1	2
1	学习西语对我很重要，假若我不了解西语，别人会认为我的学习能力差。	−3	0
2	我喜欢我们西语课上的氛围。	+3	−1
3	我不怕麻烦，一定要把西语复杂的地方搞明白。	−1	−2
4	学习西语很有必要，因为身边的人都期望我这么做。	−4	0
5	我的西语老师在我的学习上经常给予我有用的反馈。	+4	+1
6	我愿意花大量时间学习西语。	+1	+3
7	我可以想象到自己能娴熟地用西语与别人交流。	+4	+1
8	我一定要学好西语，不然会影响我的绩点。	−1	+5
9	我一定要学习西语，不然父母会对我很失望。	−4	+1
10	我喜欢西语电影。	−1	−1
11	我讲西语时，感到很高兴。	+3	+3
12	我的西语老师的上课风格很灵活有趣。	+2	−2
13	我将来想要做的事是需要我使用西语的。	0	+4

（待续）

（续表）

序号	陈述	因子	
		1	2
14	我会努力学好西语，因为将来想考取语言等级证书来证明我的西语水平。	−1	+2
15	我总是期待上西语课。	−2	−3
16	比起其他课，我更喜欢西语课上的活动。	−2	−3
17	我可以想象到自己和说西语的外国人谈生意的情景。	+1	0
18	学习西语很重要是因为可以获得同学、老师或家人对我的认可。	−3	−2
19	我真的很喜欢西语课。	−1	−3
20	我可以想象自己在外国居住，并用西语与人讨论。	+1	−1
21	我的家人认为我必须学习西语以成为一个有文化的人。	−4	−5
22	我觉得在上西语课时，时间过得更快。	−2	−4
23	我认为自己比其他同学学习西语更努力。	−2	−5
24	我一定要认真学习西语，因为它会让我在未来就业中更有竞争力。	+1	+2
25	当想到我未来工作的时候，我可以想象自己用到西语。	+2	+4
26	西语课大大地激发了我未来继续学习的热情。	0	−3
27	我想更多地了解来自西语国家的人。	0	+1
28	我认为西语是世界上最重要的语言之一。	+2	0
29	我可以想象到自己未来在西班牙或者拉丁美洲学习或者居住。	0	−1
30	学习西语的重要性在于要是我懂西语，别人就会更加尊敬我。	−5	−4
31	如果老师给我们布置了选做的作业，我很愿意主动去完成它。	−1	−1
32	在"一带一路"倡议的背景下，西语十分有用。	+4	+5
33	我认为未来还会继续学西语。	+3	+4
34	我可以想象到自己说西语就像那些以西语为母语的人一样。	0	+2

（待续）

（续表）

序号	陈述	因子 1	因子 2
35	我感到学习西语很有趣。	+1	0
36	要是不学好西语，就会对我的生活产生负面影响。	−3	+3
37	我一定学好西语，不然我将找不到好工作。	−3	0
38	我想去西语国家旅游。	+5	+3
39	我的西语老师比其他任课老师都要好。	+1	0
40	我觉得西语是一门很有吸引力的语言。	+3	+1
41	说句老实话，我真的不大愿意学西语。	−5	−4
42	在日常生活中，我有机会去运用西语。	0	−2
43	我喜欢西语音乐。	0	+1
44	学习西语有许多的资源和材料，我能够轻松地找到它们。	−2	−1
45	我可以想象自己和国外朋友或者同事用西语交流。	+5	+2
46	懂西语对认识来自西语国家的人很有帮助。	+2	+2
47	我很努力地学习西语。	+2	−2

备忘单包括四个类别：排名 +5 的项目、在因子 1 中排名高于在其他任何因子排名的项目、在因子 1 中排名低于在其他任何因子排名的项目、排名 −5 的项目。因此，通过仔细查阅表 5.6 的因子排序信息，得到如表 5.7 所示的备忘单。由于本示例只提取两个因子，所以只需要制作因子 1 的备忘单。如果研究提取的因子个数超过两个，建议为每个因子制作一份解读备忘单。

表 5.7　因子 1 的解读备忘单

序号	陈述
排名 +5 的项目	
38	我想去西语国家旅游。
45	我可以想象自己和国外朋友或者同事用西语交流。
在因子 1 中排名高于在其他任何因子排名的项目	

（待续）

（续表）

序号	陈述
2	我喜欢我们西语课上的氛围。+3
3	我不怕麻烦，一定要把西语复杂的地方搞明白。−1
5	我的西语老师在我的学习上经常给予我有用的反馈。+4
7	我可以想象到自己能娴熟地用西语与别人交流。+4
12	我的西语老师的上课风格很灵活有趣。+2
15	我总是期待上西语课。−2
16	比起其他课，我更喜欢西语课上的活动。−2
17	我可以想象到自己和说西语的外国人谈生意的情景。+1
19	我真的很喜欢西语课。−1
20	我可以想象自己在外国居住，并用西语与人讨论。+1
21	我的家人认为我必须学习西语以成为一个有文化的人。−4
22	我觉得在上西语课时，时间过得更快。−2
23	我认为自己比其他同学学习西语更努力。−2
26	西语课大大地激发了我未来继续学习的热情。0
28	我认为西语是世界上最重要的语言之一。+2
29	我可以想象到自己未来在西班牙或者拉丁美洲学习或者居住。0
35	我感到学习西语很有趣。+1
39	我的西语老师比其他任课老师都要好。+1
40	我觉得西语是一门很有吸引力的语言。+3
42	在日常生活中，我有机会去运用西语。0
47	我很努力地学习西语。+2
在因子 1 中排名低于在其他任何因子排名的项目	
1	学习西语对我很重要，假若我不了解西语，别人会认为我的学习能力差。−3
4	学习西语很有必要，因为身边的人都期望我这么做。−4
6	我愿意花大量时间学习西语。+1
8	我一定要学好西语，不然会影响我的绩点。−1

（待续）

（续表）

序号	陈述
9	我一定要学习西语，不然父母会对我很失望。–4
13	我将来想要做的事是需要我使用西语的。0
14	我会努力学好西语，因为将来想考取语言等级证书来证明我的西语水平。–1
18	学习西语很重要是因为可以获得同学、老师或家人对我的认可。–3
24	我一定要认真学习西语，因为它会让我在未来就业中更有竞争力。+1
25	当想到我未来工作的时候，我可以想象自己用到西语。+2
27	我想更多地了解来自西语国家的人。0
32	在"一带一路"倡议的背景下，西语十分有用。+4
33	我认为未来还会继续学西语。+3
34	我可以想象到自己说西语就像那些以西语为母语的人一样。0
36	要是不学好西语，就会对我的生活产生负面影响。–3
37	我一定学好西语，不然我将找不到好工作。–3
43	我喜欢西语音乐。0
44	学习西语有许多的资源和材料，我能够轻松地找到它们。–2
排名 –5 的项目	
30	学习西语的重要性在于要是我懂西语，别人就会更加尊敬我。
41	说句老实话，我真的不大愿意学西语。

需要注意的是，不能认为在 Q 分布中处于中间位置或中立的 Q 陈述不重要，比如，如果某条 Q 陈述在其他因子的排名都为负值，而在另外一个因子的排名为 0，则表明该因子对这条 Q 陈述倾向持谨慎的同意。因此，要对因子进行完整的、整体的解释，就不能忽视处在中间位置的 Q 陈述。制作备忘单能够帮助研究者尽量关注对因子解读可能有意义的所有 Q 陈述（Watts & Stenner 2012）。

5.3　论文汇报示例

对 Q 方法的分析结果的汇报一般有两种方式。一种是对每个因子予以命名，对因子命名能更好地识别因子并帮助读者记住因子的特征。因子的名称应简洁、精确、引人注意。对于每个因子，要汇报因子分析的统计结果，诸如因子所解释的方差、每个因子包含的Q排序数量，以及Q排序对应的研究对象的人口统计信息。Q方法的结果汇报可采用叙事方式。采用这种方式的研究者会将相关的Q陈述或Q陈述反映的观点或态度有序地整合在一起，形成对一个因子的观点组态的"无缝叙述"。这个过程尤其可以通过引用备忘单上的各个类别的Q陈述，以实现对主观观点的整体性解读，并对群组的轮廓特征做全面、整体的呈现。另一种汇报方式是进行评论。研究者先直接引用相关Q陈述的完整语句及其排序等级，再围绕这些Q陈述进行解释性评论（Watts & Stenner 2012）。具体的研究实例参见 Jordan *et al.*（2005）的论文。在撰写Q方法的研究论文时，研究者需要参考相关范文，选用相应的写作手法来汇报结果。Peng & Wu（2024：1946）的论文采用了叙事方式。

因子1：自我激励并具有萌芽期的理想自我形象

因子1解释了36%的方差，这一群组有11名女生和1名男生。与另一因子的同年级同学相比，这些学生更愿意想象自己在国外说西语的情景（20：+1），对自己能够说流利的西语（7：+4）、与国际友人和同事（45：+5）用西语交流有着独特而清晰的愿景。对于这一群组的学生，西语学习似乎正内化到他们对自我的认知之中，他们与西语相关的理想未来自我正在形成，从访谈节选4可见，这种动力特征在其他因子中并不明显：

节选4：我向往我的老师在西班牙的生活。我经常想，"假如有一天我做生意，也会像他们那样流利吗？"现在也正在往提高自己水平的方向努力。（F1902）

这些学生还表达了强烈的旅行兴趣（38：+5），对西语学习所持的消极态度最轻微（41：-5）。他们不大担心因学业表现差而令父母失望（9：-4），说明他们的学习动力不以预防调节定向为主，但他们较为认同在"一带一路"倡议下西语十分有用这一观点（32：+4）。总的来说，这些学生会设想在日常或商务情境中自己说西语的未来形象。他们的西语学习动机轮廓表现出自我决定和"自己／理想"的特征。

因子2：应该自我导向且课堂体验不理想

因子2解释了19%的方差，5名女学生构成这一群组。这些学生在动机取向上表现出摇摆心理。她们一致认为，西语技能对她们未来的工作（13：+4）或未来的职业（25：+4）是不可或缺的，这体现了促进调节定向的动机特征。她们也意识到国家层面的政策体现了对高水平西语使用者的需求（32：+5）。与此同时，她们非常担心如果没学好西语会对她们的GPA（8：+5）造成负面影响，这又体现出强烈的预防调节定向的动机特征。

这些学生是课堂学习消极体验方面排名第一的群组。在所有研究对象中，她们是唯一不喜欢西语课堂氛围的一组（2：−1），并且对西语课堂（15：−3；26：−3）和课堂活动（16：−3）表现出很强的负面态度。

此外，这些学生是唯一将西语学习与父母期望联系起来的群体（9：+1）。访谈节选5很好说明了这个群组中避免令重要他者失望的西语学习动机倾向：

> 节选5：我很怕我爸批评我。特别是春节期间，我爸妈总会拿我和其他亲戚家的孩子做比较。然后我会觉得自己要更加努力学习了。（F1910）

换言之，这些学生的西语学习动机轮廓中，既有促进调节定向也有预防调节定向的特征，但很大程度上都受他者驱动。尽管这些学生表示愿意花时间学习西语（6：+3），但他们承认自己的努力是令人不满意的（23：−5；47：−2）。因此，他们的西语学习动机轮廓表现出应该自我导向且课堂体验不理想的特征。

练习五

1. 根据第四章练习题的分析结果，请对提取的两个因子进行解读并命名因子。
2. 请以Q方法研究论文的常见范式，汇报因子分析结果。

第六章　趋势与展望

6.1　Q 方法研究的趋势

　　Q 方法综合了量化研究方法和质性研究方法的优势，能够揭示群组观点的结构性和整体性，近些年来日益受到不同领域研究者的青睐。本书作者通过使用 "Q methodology" "Q-methodology" "Q method" "Q-method" 等短语，在 Web of Science 的 SSCI、A&HCI、ESCI 三个数据库对摘要进行检索，[1] 共发现 1448 篇与 Q 方法相关的论文（剔除了 5 篇会议论文和 3 篇社论文章），研究数量排名前 30 的学科如图 6.1 所示。[2] 其中，根据 Web of Science 的学科分类，语言与语言学共有 24 篇，语言学共有 40 篇。此外，众所周知，应用语言学是一个跨学科的研究领域，广泛吸纳并融合了教育学、心理学等其他学科的理论和方法。从图 6.1 可见，教育学科学有 41 篇，教育学及教育研究有 160 篇，这两个学科也有可能包含了语言教育研究的方向。可见，Q 方法在应用语言学的研究领域大有可为。

1　检索日期：2024 年 2 月 26 日

2　图 6.1 中文献总篇数超过 1448 篇，原因是同一篇文献可能会同时归入不同学科，例如，某篇文章可能会同时归入 "语言学" 和 "语言与语言学"。

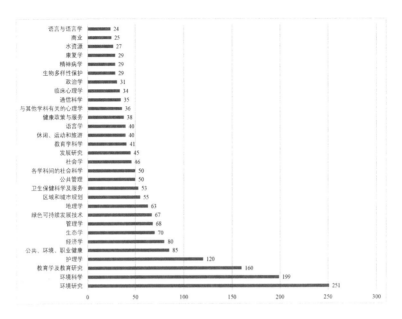

图 6.1　SSCI、A&HCI、ESCI 三个数据库中关于 Q 方法的论文学科分布

此外，通过对上述文献的发表时间进行分析（见图 6.2），从 2003 年到 2023 年间，共有 1436 篇与 Q 方法相关的论文。[1] 从 2018 年开始出现了较为明显的增长，此后保持较大增长，近五年保持在每年 143 篇以上。

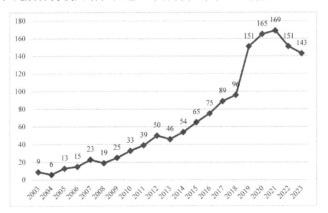

图 6.2　2003—2023 年间 SSCI、A&HCI、ESCI 三个数据库中关于 Q 方法的论文数量趋势

1　截止到检索日期 2024 年 2 月 26 日，2024 年有 12 篇论文发表，不在讨论范围内。

此外，使用"Q 方法"一词对中国知网数据库学术期刊的摘要进行检索并筛查，共发现 68 篇与 Q 方法相关的论文，其中论文主题属于语言学与应用语言学领域的共 5 篇。根据中国知网输出的可视化分析结果，主要的学科分布如图 6.3 所示，但中国知网输出的分析结果中没有具体显示语言学与应用语言学的学科名称。

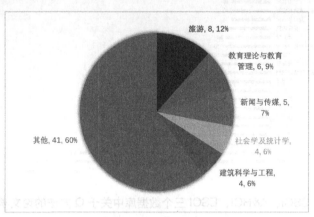

图 6.3　中国知网数据库中关于 Q 方法的论文学科分布

最后，对 2003 年至 2023 年间发表的 67 篇关于 Q 方法的文献进行分析（见图 6.4），[1]可见自 2019 年起，国内学界对 Q 方法的关注明显增加，文章数量达到了 11 篇，之后虽然有所减少，但近三年的文献数量保持在每年 8 篇以上。

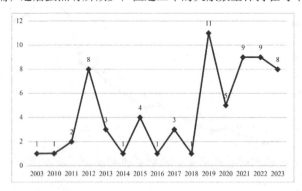

图 6.4　2003—2023 年间 CNKI 数据库中关于 Q 方法的论文数量趋势

1　图 6.4 仅包含 2003—2023 年间发表的文献，不包含笔者在 2024 年 2 月 26 日检索时 2024 年已刊发的文献。

6.2　Q 方法的进阶应用

目前，Q 方法在应用语言学领域的应用在很大程度上停留在对因子的分析与解读层面，尚缺乏对 Q 方法的进阶或较为创新的应用。也就是说，当使用 Q 方法分析了群组对某一话题的观点或态度的不同轮廓特征后，研究者需要进一步解答 "So what?" 的问题，即 "那又如何？" 或 "这意味着什么？"，也就是说，研究者需要在分析群组主观性的结构后，进一步探索如何进行更深入的研究，推进 Q 方法的纵深应用。以下从三个方面探讨 Q 方法的进阶应用。

第一，可以将 Q 方法分析的结果与外部数据关联起来，进行组间比较。例如，假设 P 样本包含教师、在读本科生、本科毕业生三组人群，进行 Q 方法分析后，得到两个因子 F1 和 F2。可以将落在 F1 的被试的因子载荷值作为数据，将这些被试根据类别分为三组，进行单因素方差分析（参数检验）或克鲁斯卡尔 – 沃利斯检验（Kruskal-Wallis test，非参数检验），分析 F1 所体现的观点在三组人群之间是否存在显著差异。对 F2 的数据采用同样步骤进行分析，检验 F2 所体现的观点在三组人群之间是否存在显著差异（见 Schmolck 2008）。

第二，可以基于 Q 方法分析出的不同群组（因子），对研究项目的其他测量数据进行比较分析。如：(1) 根据分析得到的因子，探讨不同因子所代表的群组在某个变量上的差异。例如，假设使用了 Q 方法对一组大学生的英语学习动机进行分析，得到两个因子，可以对这两组学生的英语学习成绩（如期末考试成绩、CET-4 成绩）等进行独立样本 t 检验或曼 – 惠特尼 U 检验（Mann-Whiteney U test），检测两组学生的英语学习成绩是否有显著差异。[1]（2）将 Q 方法分析得到的因子处理为哑变量，作为回归分析的自变量，将其他某个变量作为因变量（如英语成绩），检测不同因子所代表的群组是否能显著预测因变量。(3) 根据分析得到的因子，分析群组组别与某些分类变量（如性别、年级、学校类型等）之间是否存在显著关联。例如，假设使用 Q 方法对一组大学生关于英语学习的信念进行分析，得到 3 个因子，可以采用卡方检验进行独立性检验，检验群组组别与学习者的性别是否有显著关联。

---

1 如果得到 3 个以上的因子，则可进行单因素方差分析或克鲁斯卡尔 – 沃利斯检验。

更重要的是，可以进一步增强 Q 方法的解释力，采用历时研究设计对一组研究对象进行跨度较长的跟踪研究，比较研究对象所呈现的观点组态如何随着时间推移或其他变化而产生变化，并结合访谈、日志等方法探讨引起观点组态变化的原因。Morea（2022）提出了非常具体的纵向设计的混合方法，包括以下四种分析方法。

方法一是与基线因子的载荷值做比较。对被试前测和后测中在每个基线因子（baseline factor）的因子载荷进行比较分析，以检验在经过一段时间或实验干预后，被试群体在每个基线因子的载荷值是否显著增强或减弱。基线因子指在第一个时间点使用 Q 方法分析得到的因子。因子载荷指相关系数，其计算过程较为复杂，下面以表 6.1 的数据为例予以介绍。表中显示了在第一个时间点即前测中 Q 方法（20 个 Q 陈述）分析得到的基线因子 1 的因子序列（V1）、某个被试（被试 1）后测的 Q 排序（V2）、基线因子 1 的因子序列与被试 1 后测的 Q 排序之差的平方（V3）、基线因子 1 的因子序列平方（V4）、被试 1 后测的 Q 排序平方（V5）。

表 6.1　被试 1 后测在基线因子 1 的因子载荷计算

Q 陈述	V1: 基线因子 1 的因子序列（前测）	V2: 被试 1 后测的 Q 排序	V3: 差平方 $V3 = (V1-V2)^2$	V4: 基线因子 1 的因子序列平方 $V4 = V1^2$	V5: 被试 1 后测的 Q 排序平方 $V5 = V2^2$
1	−3	−2	1	9	4
2	3	2	1	9	4
3	−2	−1	1	4	1
4	0	0	0	0	0
5	0	1	1	0	1
6	1	1	0	1	1
7	0	−2	4	0	4
8	−1	2	9	1	4
9	0	−3	9	0	9

（待续）

（续表）

Q 陈述	V1：基线因子 1 的因子序列（前测）	V2：被试 1 后测的 Q 排序	V3：差平方 V3 = (V1-V2)²	V4：基线因子 1 的因子序列平方 V4 = V1²	V5：被试 1 后测的 Q 排序平方 V5 = V2²
10	1	2	1	1	4
11	3	1	4	9	1
12	2	0	4	4	0
13	2	3	1	4	9
14	−1	0	1	1	0
15	−2	−3	1	4	9
16	−2	−1	1	4	1
17	1	−1	4	1	1
18	−3	−2	1	9	4
19	−1	0	1	1	0
20	2	3	1	4	9
总计	0	0	46	66	66
$\sum$ V4 + $\sum$ V5			132		

根据 Brown（1993：108）的公式，被试 1 后测在基线因子 1 的因子载荷值的计算如下：$r = 1 - (\sum V3/132) = 1 - (46/132) = 0.348$。将这一因子载荷值与被试 1 前测中在基线因子的因子载荷值（假设为 0.321）做比较，则可以判断在第二个时间点（后测）被试 1 在基线因子 1 的载荷值增加了。按照以上步骤，假设该研究有 30 个被试，则可以得到 30 个被试在基线因子 1 的前测和后测的因子载荷值。研究者可以根据样本量和数据的正态性选择使用配对样本 t 检验或威尔科克森符号秩检验（Wilcoxon signed-rank test），检验前后测因子载荷值是否有显著差异。同理，可以对其他基线因子分别执行以上分析。

方法二是根据在基线因子的最高因子载荷值对被试的分布情况进行前测—后测比较。采用麦克尼马尔检验（McNemar's test），检验在经过一段时间或研究干预后，被试在基线因子（如因子 1 或因子 2）的最高载荷值的分布是否有显著变化（Morea 2022）。麦克尼马尔检验亦称配对卡方检验，用于对同一样本在两个时间点收集的二分分类数据（dichotomous categorical data）进行统计比较。

方法三是对干预后的Q排序进行因子分析并比较不同时间点之间的因子。在每个时间点根据Q排序进行新的因子分析，提取新的因子结构，并与基线因子进行比较。主要对采用不同时间点析出的因子序列数据进行相关分析，根据相关强度分析新的因子与基线因子的相关强度，以评估基线因子的稳定性和探查新的因子（Morea 2022）。

方法四是探索被试个体主观性观点的变化。前面三种方法用于发现群组观点如何随时间产生变化，但未能反映个体的变化和深层次的相关因素。因此，可以采用回顾性反思（retrospective reflections）方法，通过Q排序后的访谈或Q排序后附加开放性问题等，了解被试个体的观点变化的轨迹和可能引起变化的因素（Morea 2022）。

以上介绍了Morea（2022）提出的四种方法，其中第一种方法较为复杂，因此通过数据例子辅助说明，其余三种方法详见Morea（2022）。通过这些方法，研究者可以系统地探讨被试群组的Q排序在时间上的变化或稳定性，并深入了解群组和个体层面上主观性观点变化的过程。

6.3　Q方法在应用语言学的应用展望

如前所述，应用语言学是一个跨学科领域，Q方法能够用于研究人类语言的学习、使用及在社会、文化、个人和群体心理等多个层面上与语言相关的实际问题。因此，在语言学习、语言教学、语言态度、语用学习、第二语言习得等研究领域，Q方法都有很大的应用前景。具体而言，Q方法可以用于对以下应用语言学话题的拓展研究。

（1）语言学习策略。传统的语言学习策略多采用成型的学习策略量表，例如Oxford（1990）的语言学习策略量表，对学习者的学习策略使用频率进行测量。然而，Dörnyei（2005）提出，这个量表的项目描述的是具体的策略行为，在"从不"到"总是"的尺度范围测量策略行为发生的频次，因此得分高低取决于采用学习策略的数量，但语言学习策略的使用应该注重质量而非数量。因此，研究者可以使用 Q 方法，通过设计指向语言学习策略使用质量的观点汇集，深入了解学习者如何在学习特定语言技能方面（如阅读、写作等）调用不同的学习策略以完成学习目标或实现预期的学习效果。

（2）语言学习者／语言教师的积极心理／情绪和消极心理／情绪的交融。近些年来，积极心理学在应用语言学领域日益受到关注，涌现了大量的关于外语学习者的愉悦、韧性、幸福感等积极心理体验的研究。然而，不可否认，外语学习中的语言焦虑、无聊、倦怠等消极心理仍然普遍存在，而且学习者通常会同时经历积极和消极的心理过程或情绪，二者也会始终相互影响、动态发展。正如 Dewaele & MacIntyre（2014：262）所指出的，积极且成功的学习者既有愉悦又有焦虑的复杂情绪。因此，Q 方法特别适合于探究学习者在语言学习过程中所经历的这种复杂的情绪或心理。同样，语言教师在教学活动或职业生涯发展中遇到的这类情绪或心理融合也可通过 Q 方法进行研究。本书介绍的 Ding *et al.*（2023）的研究就利用 Q 方法探讨了中学外语教师职业倦怠与心理韧性的交织心理。

（3）跨文化交际能力。跨文化交际能力是应用语言学研究的一个重要话题，特别是在全球化以及我国"一带一路"倡议的背景下，外语学生的跨文化交际能力对个人和社会的发展都具有重要意义。Q 方法可以用于研究个体在跨文化环境中的交际态度、偏好和策略，从而揭示语言能力、个性、文化差异等因素如何影响跨文化交际成效，为跨文化教育和课程设计提供实证支持。

（4）语言政策和语言态度。Q 方法可以用于研究社会语言学中个体对不同语言、方言或不同场合下语言使用的态度，通过收集和分析研究对象对一系列语言现象的主观排序，揭示人们对语言使用及其背后的情感、认知态度的复杂图谱。例如，Q 方法可以用于探索城市与乡村地区的年轻一代对于英语全球化和本土语言保护之间的关系的看法，这些数据能为语言政策的制定以及顺应社会发展的需求提供宝贵的信息。以上仅是可以应用 Q 方法拓展的一些研究话题，研究者可以在自己的研究领域进行更深入的探索。

值得注意的是，Q 方法的主要优势在于能够探察被试的主观想法的结构性，从而赋予主观研究范式以客观性（详见第一章 1.5 小节）。然而，Q 方法归根到底是以人的主观性为切入点和数据来源，因此研究的效度在很大程度上依赖被试的自述。而自述数据的准确性和客观性受限于很多因素，如被试是否存在社会期望偏差，是否对研究主题有自己的观点（Watts & Stenner 2012）等。尤其需要注意的是，当研究需要收集如学习策略运用的频率、教师修正性反馈的频率、外语课堂上的行为投入（behavioral engagement）等行为数据时，则不适合使用 Q 方法，因为这些行为数据需要客观的指标予以测量。

后记

Q方法采用基于人的因子分析统计方法，使得群组的观点集合能够从数据中涌现，以此揭示主观性的结构。同时，对因子分析结果进行整体性解读，并通常结合访谈方法，使得Q方法能够整合量化研究和质性研究的优势，因此这一方法近些年来在不同领域得到广泛应用。

本书介绍了Q方法的缘起、理论内涵、研究设计和实施、使用PQMethod软件进行数据分析、使用网络应用进行线上Q排序/分析、使用R语言的qmethod包进行Q方法分析、数据解读和论文撰写，以及Q方法的进阶应用等内容。此外，本书还介绍了对因子相关系数过高和双极因子等数据问题的处理办法。通过具体的案例分析和论文写作示例，本书旨在加深应用语言学研究者对Q方法的了解，并为研究者提供实用的指导手册。

Q方法是一种独特的研究方法，其优势不仅在于能够捕捉和解释个体的主观体验，还在于能够超越传统的量化研究方法和质性研究方法的壁垒或界限，为应用语言学研究打开新的视角和方法，其灵活性和适应性特别适宜探索多样化的观点和态度。我们期待Q方法在应用语言学研究领域展现出更大的应用潜力。

参考文献

Braun, V. & Clarke, V. 2021. *Thematic Analysis: A Practical Guide*. Thousand Oaks: Sage.

Brown, S. R. 1980. *Political Subjectivity: Applications of Q Methodology in Political Sciences*. New Haven: Yale University Press.

Brown, S. R. 1993. A primer on Q methodology. *Operant Subjectivity* 16(3/4): 91-138.

Brown, S. R. 2019. Subjectivity in the Human Sciences. *The Psychological Record* 69: 565-579.

Caruso, M. & Fraschini, N. 2021. A Q methodology study into vision of Italian L2 university students: An Australian perspective. *The Modern Language Journal* 105(2): 552-568.

Charmaz, K. 2006. *Constructing Grounded Theory: A Practical Guide through Qualitative Analysis*. Thousand Oaks: Sage.

Creswell, J. W. & Creswell, J. D. 2022. *Research Design: Qualitative, Quantitative, and Mixed Methods Approaches* (6th edition). Thousand Oaks: Sage.

Dairon, M., Clare, S. & Parkins, J. R. 2017. Participant engagement and data reliability with internet-based Q methodology: A cautionary tale. *Operant Subjectivity* 39(3/4): 46-59.

de Burgh-Hirabe, R. 2019. Motivation to learn Japanese as a foreign language in an English speaking country: An exploratory case study in New Zealand. *System* 80: 95-106.

Dewaele, J.-M. & MacIntyre, P. D. 2014. The two faces of Janus? Anxiety and enjoyment in the foreign language classroom. *Studies in Second Language Learning and Teaching* 4: 237-274.

Ding, X., Liu, Y. & Peng, J. 2023. Straddling burnout and resilience: A Q methodology study among high school EFL teachers. *Journal of Multilingual and Multicultural Development.* doi: 10.1080/01434632.2023.2193171.

Dörnyei, Z. 2005. *The Psychology of the Language Learner: Individual Differences in Second Language Acquisition.* Mahwah: Lawrence Erlbaum Associates.

Dörnyei, Z. 2007. *Research Methods in Applied Linguistics: Quantitative, Qualitative, and Mixed Methodologies.* Oxford: Oxford University Press.

Dörnyei, Z. 2009. The L2 motivational self system. In Z. Dörnyei & E. Ushioda (eds.). *Motivation, Language Identity and the L2 Self.* Bristol: Multilingual Matters. 9-42.

Dörnyei, Z. 2020. *Innovations and Challenges in Language Learning Motivation.* Bristol: Multilingual Matters.

Fraschini, N. 2023. Language learners' emotional dynamics: Insights from a Q methodology intensive single-case study. *Language, Culture and Curriculum* 36(2): 222-239.

Fraschini, N. & Park, H. 2021. Anxiety in language teachers: Exploring the variety of perceptions with Q methodology. *Foreign Language Annals* 54(2): 341-364.

Gao, X. & Zheng, Y. 2019. Multilingualism and higher education in Greater China. *Journal of Multilingual and Multicultural Development* 40(7): 555-561.

Hamilton, A. & Hammond, M. 2023. Harmonising or politicising: Youth sector peacebuilding in contested societies. *Irish Journal of Sociology* 31(2): 203-228.

Han, Y., Gao, X. & Xia, J. 2019. Problematising recent developments in non-English foreign language education in Chinese universities. *Journal of Multilingual and Multicultural Development* 40(7): 562-575.

Higgins, E. T. 1987. Self-discrepancy: A theory relating self and affect. *Psychological Review* 94(3): 319-340.

Huang, G. H. & Gove, M. 2015. Confucianism, Chinese families, and academic achievement: Exploring how Confucianism and Asian descendant parenting practices influence children's academic achievement. In M. S. Khine (ed.). *Science Education in East Asia.* Cham, Switzerland: Springer. 41-66.

Huang, H., Hsu, C. & Chen, S. 2015. Identification with social role obligations, possible selves, and L2 motivation in foreign language learning. *System* 51: 28-38.

Irie, K. & Ryan, S. 2015. Study abroad and the dynamics of change in learner L2 self-concept. In Z. Dörnyei, P. D. MacIntyre & A. Henry (eds.). *Motivational Dynamics in Language Learning*. Bristol: Multilingual Matters. 343-366.

Jordan, K., Capdevila, R. & Johnson, S. 2005. Baby or beauty: A Q study into post pregnancy body image. *Journal of Reproductive and Infant Psychology* 23(1): 19-31.

Lanvers, U. 2016. Lots of selves, some rebellious: Developing the self discrepancy model for language learners. *System* 60: 79-92.

Lo Bianco, J. 2015. Exploring language problems through Q-sorting. In F. M. Hult & D. C. Johnson (eds.). *Research Methods in Language Policy and Planning: A Practical Guide*. Chichester: John Wiley & Sons. 67-80.

Lu, X. & Geng, Z. 2022. Faith or path? Profiling the motivations of multilingual Chinese as a foreign language teachers using Q methodology. *Language Teaching Research*. doi: 10.1177/13621688221099079.

Lu, X., Zheng, Y. & Ren, W. 2019. Motivation for learning Spanish as a foreign language: The case of Chinese L1 speakers at university level. *Círculo de Lingüística Aplicada a la Comunicación* 79: 79-98.

Markus, H. & Nurius, P. 1986. Possible selves. *American Psychologist* 41(9): 954-969.

McKeown, B. & Thomas, D. B. 2013. *Q Methodology* (2nd edition). Thousand Oaks: Sage.

Meehan, K., Ginart, L. & Ormerod, K. J. 2022. Short take: Sorting at a distance: Q methodology online. *Field Methods* 34(1): 82-88.

Mendoza, A. & Phung, H. 2019. Motivation to learn languages other than English: A critical research synthesis. *Foreign Language Annals* 52(1): 121-140.

Milcu, A. I., Sherren, K., Hanspach, J., Abson, D. & Fischer, J. 2014. Navigating conflicting landscape aspirations: Application of a photo-based Q-method in

Transylvania (Central Romania). *Land Use Policy* 41: 408-422.

Moate, R. M., Cox, J. A., Brown, S. R. & West, E. M. 2017. Perceptions of helpfulness of teachers in didactic courses. *Counselor Education and Supervision* 56(4): 242-258.

Morea, N. 2022. Investigating change in subjectivity: The analysis of Q-sorts in longitudinal research. *Research Methods in Applied Linguistics* 1(3): 100025. doi: 10.1016/j.rmal.2022.100025.

Oxford, R. L. 1990. *Language Learning Strategies: What Every Teacher Should Know*. New York: Newbury House.

Pan, J. & Lei, J. 2023. Using Q methodology to better understand subjectivity in EMI. In S. M. Curle & J. K. H. Pun (eds.). *Qualitative Research Methods in English Medium Instruction for Emerging Researchers: Theory and Case Studies of Contemporary Research*. London: Routledge. 6-17.

Papi, M., Bondarenko, A. V., Mansouri, S., Feng, L. & Jiang, C. 2019. Rethinking L2 motivation research: The 2×2 model of L2 self-guides. *Studies in Second Language Acquisition* 41(2): 337-361.

Peng, J. & Wu, L. 2024. Motivational profiles of Chinese university students majoring in Spanish: A comparative study. *Journal of Multilingual and Multicultural Development* 45(6): 1938-1955.

Riazi, A. M. 2017. *Mixed Methods Research in Language Teaching and Learning*. Sheffield, UK: Equinox Publishing.

Schmolck, P. 2008. Common and specific approaches in the analysis of Q-sort data with PQMethod. Keynote speech presented at the 24th Annual Q Conference, Hamilton, Ontario, October 2008.

Schmolck, P. 2014. *PQMethod Manual*. http://schmolck.org/qmethod/pqmanual.htm (accessed 20/09/2024).

Thumvichit, A. 2024. Unfolding the subjectivity of foreign language enjoyment in online classes: A Q methodology study. *Journal of Multilingual and Multicultural Development* 45(7): 2427-2444.

Vanbuel, M. 2022. How stakeholders see the implementation of language education policy: A Q-study. *Current Issues in Language Planning* 23(1): 57-76.

Wang, T. & Liu, Y. 2020. Dynamic L3 selves: A longitudinal study of five university L3 learners' motivational trajectories in China. *The Language Learning Journal* 48(2): 201-212.

Watts, S. & Stenner, P. 2005a. Doing Q methodology: Theory, method and interpretation. *Qualitative Research in Psychology* 2(1): 67-91.

Watts, S. & Stenner, P. 2005b. The subjective experience of partnership love: A Q methodological study. *British Journal of Social Psychology* 44(1): 85-107.

Watts, S. & Stenner, P. 2012. *Doing Q Methodological Research: Theory, Method and Interpretation.* Thousand Oaks: Sage.

Webler, T., Danielson, S. & Tuler, S. 2009. *Using Q Method to Reveal Social Perspectives in Environmental Research.* Greenfield, MA: Social and Environmental Research Institute.

Yuan, C. & Lo Bianco, J. 2022. L2 Chinese teachers' beliefs about engagement strategies for students in Australia: Findings from Q methodology research. *System* 106: 102792. doi: 10.1016/j.system.2022.102792.

Zheng, Y., Lu, X., & Ren, W. 2019. Profiling Chinese university students' motivation to learn multiple languages. *Journal of Multilingual and Multicultural Development* 40(7): 590-604.

Zheng, Y., Lu, X. & Ren, W. 2020. Tracking the evolution of Chinese learners' multilingual motivation through a longitudinal Q methodology. *The Modern Language Journal* 104(4): 781-803.

陈向明，2000，《质的研究方法与社会科学研究》。北京：教育科学出版社。

冯成志、贾凤芹，2010，Q方法论及其在临床研究中的应用（综述），《中国心理卫生杂志》24（1）：59-63。

桂诗春，1987，什么是应用语言学，《外语教学与研究》（4）：14-19。

姜永志，2013，心理学方法论的主观性变革——兼论Q方法的操作主观性，《心理学探新》33（4）：302-307。

景飞龙，2020，基于 Q 方法的大学生外语移动学习参与度研究，《外语界》（1）：79-87。

许宏晨等，2015，《中国高校双语教学非语言结果实证研究》。广州：世界图书出版广东有限公司。

郑咏滟，2023，超学科范式下应用语言学 Q 方法的创新与前瞻，《外国语》46（1）：2-10。

附录 1 F1901—F1918、M1901—M1902 的 Q 排序数据

F1901—F1918：

编号：F1901

	−5	−4	−3	−2	−1	0	+1	+2	+3	+4	+5	
	30	23	20	40	47	41	44	36	46	7	38	
	29	22	16	28	18	39	37	34	11	45	27	
(2)		21	15	26	17	35	32	13	33	25		(2)
(3)			12	19	2	31	24	10	43			(3)
(4)				9	3	4	6	8				(4)
(5)					42	14	1					(5)
(6)						5						(6)
(7)												

编号：F1902

	−5	−4	−3	−2	−1	0	+1	+2	+3	+4	+5	
	41	14	36	23	13	27	38	47	7	39	45	
	18	9	37	44	42	26	19	40	28	32	5	
(2)		30	1	21	29	24	17	46	25	11		(2)
(3)			4	8	22	43	16	33	12			(3)
(4)				6	31	20	3	35				(4)
(5)					34	10	2					(5)
(6)						15						(6)
(7)												

编号：F1903

	−5	−4	−3	−2	−1	0	+1	+2	+3	+4	+5	
	1	18	34	23	11	32	20	6	45	47	38	
	30	41	21	22	16	12	31	2	25	27	42	
(2)		37	36	4	8	39	40	14	24	29		(2)
(3)			9	15	10	35	13	5	46			(3)
(4)				7	44	28	19	33				(4)
(5)					26	3	17					(5)
(6)						43						(6)
(7)												

编号：F1904

	−5	−4	−3	−2	−1	0	+1	+2	+3	+4	+5	
	41	9	23	1	3	47	43	14	42	38	8	
	4	36	18	22	15	2	46	26	35	31	39	
(2)		21	32	13	33	19	24	7	5	6		(2)
(3)			37	16	30	28	27	11	34			(3)
(4)				12	17	25	20	45				(4)
(5)					10	40	44					(5)
(6)						29						(6)
(7)												

编号：F1905

	−5	−4	−3	−2	−1	0	+1	+2	+3	+4	+5	
	41	42	22	31	28	24	27	8	6	33	9	
	21	23	37	3	18	29	43	5	34	32	36	
(2)		19	30	16	35	44	17	4	7	13		(2)
(3)			15	10	12	2	45	38	11			(3)
(4)				26	39	1	46	25				(4)
(5)					47	14	40					(5)
(6)						20						(6)
(7)												

编号：F1906

	−5	−4	−3	−2	−1	0	+1	+2	+3	+4	+5	
	41	1	37	23	15	6	32	42	29	33	7	
	4	9	30	10	16	12	46	20	25	45	43	
(2)		36	21	22	19	14	2	38	17	34		(2)
(3)			18	5	47	35	28	11	13			(3)
(4)				3	44	39	27	40				(4)
(5)					31	26	8					(5)
(6)						24						(6)
(7)												

编号：F1907

	−5	−4	−3	−2	−1	0	+1	+2	+3	+4	+5	
	21	23	1	4	11	38	26	13	31	27	32	
	30	41	18	6	37	7	29	25	2	12	28	
(2)		34	3	8	42	15	35	33	40	39		(2)
(3)			36	9	22	16	5	45	24			(3)
(4)				44	47	10	17	46				(4)
(5)					43	20	19					(5)
(6)						14						(6)
(7)												

编号：F1908

	−5	−4	−3	−2	−1	0	+1	+2	+3	+4	+5	
	36	1	9	13	15	2	20	10	5	29	32	
	37	21	3	18	16	11	17	24	6	43	38	
(2)		30	4	22	19	14	45	12	8	47		(2)
(3)			41	23	25	26	40	7	33			(3)
(4)				27	34	28	39	46				(4)
(5)					31	35	44					(5)
(6)						42						(6)
(7)												

编号：F1909

	-5	-4	-3	-2	-1	0	+1	+2	+3	+4	+5	
	41	21	9	36	39	37	45	12	46	28	38	
	30	18	4	23	44	8	20	24	35	32	40	
(2)		42	1	43	31	26	34	3	5	33		(2)
(3)			16	13	27	19	29	2	6			(3)
(4)				22	47	14	17	25				(4)
(5)					15	11	7					(5)
(6)						10						(6)
(7)												

编号：F1910

	-5	-4	-3	-2	-1	0	+1	+2	+3	+4	+5	
	22	23	3	19	44	20	25	32	37	13	9	
	7	30	10	16	21	17	38	14	11	12	4	
(2)		31	41	15	6	45	33	47	2	5		(2)
(3)			26	43	27	29	28	35	8			(3)
(4)				1	34	36	40	39				(4)
(5)					42	18	46					(5)
(6)						24						(6)
(7)												

编号：F1911

	-5	-4	-3	-2	-1	0	+1	+2	+3	+4	+5	
	4	30	22	28	44	2	39	5	24	17	34	
	41	1	18	36	10	40	12	16	8	7	38	
(2)		42	9	37	14	43	11	23	20	45		(2)
(3)			3	21	15	35	33	32	29			(3)
(4)				19	26	46	31	25				(4)
(5)					13	27	47					(5)
(6)						6						(6)
(7)												

编号：F1912

	-5	-4	-3	-2	-1	0	+1	+2	+3	+4	+5	
	30	16	23	15	44	27	11	45	38	37	32	
	21	18	39	26	10	34	6	33	46	24	8	
(2)		4	3	9	41	29	13	42	40	14		(2)
(3)			5	12	19	7	22	35	25			(3)
(4)				36	1	17	31	28				(4)
(5)					2	20	43					(5)
(6)						47						(6)
(7)												

编号：F1913

	-5	-4	-3	-2	-1	0	+1	+2	+3	+4	+5	
	21	4	26	30	47	46	7	14	32	10	38	
	9	1	22	23	42	45	17	8	13	6	2	
(2)		16	19	31	40	44	20	3	12	5		(2)
(3)			18	28	37	43	25	24	11			(3)
(4)				27	35	41	29	15				(4)
(5)					33	39	34					(5)
(6)						36						(6)
(7)												

编号：F1914

	-5	-4	-3	-2	-1	0	+1	+2	+3	+4	+5	
	21	41	10	1	15	13	27	29	20	17	7	
	4	31	36	23	47	5	28	33	34	46	24	
(2)		30	18	3	11	6	14	40	38	8		(2)
(3)			9	26	19	43	16	39	45			(3)
(4)				42	44	35	12	32				(4)
(5)					22	37	25					(5)
(6)						2						(6)
(7)												

编号：F1915

	-5	-4	-3	-2	-1	0	+1	+2	+3	+4	+5	
	9	23	4	3	1	14	6	5	2	7	24	
	21	30	18	10	8	27	13	11	20	17	28	
(2)		41	29	15	19	31	35	12	38	25		(2)
(3)			44	16	22	33	40	32	45			(3)
(4)				43	26	34	46	42				(4)
(5)					39	36	47					(5)
(6)						37						(6)
(7)												

编号：F1916

	-5	-4	-3	-2	-1	0	+1	+2	+3	+4	+5	
	23	21	4	22	37	27	7	40	5	31	8	
	47	18	41	19	43	29	10	36	39	6	32	
(2)		9	11	16	35	38	17	28	14	24		(2)
(3)			2	15	26	34	20	3	13			(3)
(4)				12	30	46	45	25				(4)
(5)					44	1	42					(5)
(6)						33						(6)
(7)												

编号：F1917

	-5	-4	-3	-2	-1	0	+1	+2	+3	+4	+5	
	21	4	23	36	43	13	45	42	33	8	28	
	30	9	1	17	10	25	7	40	46	32	24	
(2)		41	20	44	39	18	47	2	5	14		(2)
(3)			29	34	22	31	6	12	38			(3)
(4)				3	15	26	16	35				(4)
(5)					19	37	27					(5)
(6)						11						(6)
(7)												

编号：F1918

	-5	-4	-3	-2	-1	0	+1	+2	+3	+4	+5	
	21	30	42	29	28	20	26	32	5	11	47	
	1	41	36	22	17	15	12	45	46	13	14	
(2)		44	9	31	27	2	38	25	34	3		(2)
(3)			4	16	24	37	43	7	6			(3)
(4)				18	23	8	35	40				(4)
(5)					19	33	10					(5)
(6)						39						(6)
(7)												

M1901—M1902：

编号：M1901

−5	−4	−3	−2	−1	0	+1	+2	+3	+4	+5
21	30	41	2	1	39	19	35	45	12	40
9	23	29	47	22	36	43	34	8	46	28
(2)	18	4	42	11	31	33	27	38	32	(2)
	(3)	3	26	6	15	20	17	24	(3)	
		(4)	25	44	14	16	5	(4)		
			(5)	37	13	7	(5)			
				(6)	10	(6)				
					(7)					

编号：M1902

−5	−4	−3	−2	−1	0	+1	+2	+3	+4	+5
8	9	18	24	36	15	28	45	43	35	11
21	37	1	44	3	32	7	27	40	47	2
(2)	4	30	25	5	39	34	33	12	13	(2)
	(3)	17	41	19	23	46	10	26	(3)	
		(4)	29	14	22	31	42	(4)		
			(5)	20	16	38	(5)			
				(6)	6	(6)				
					(7)					

附录 2 课后练习参考答案

练习一

1. 量化研究方法和质性研究方法背后的本体论、认识论分别是什么？

　　我们常说的量化研究方法基于实证主义或自然主义的哲学，认为现实是客观存在的，世界被视为由独立的、可以度量的变量组成。因此，量化研究方法反映了客观主义认识论，强调通过科学实验和统计方法来发现和验证知识；认为通过收集数据、使用数学和统计工具进行分析，可以得出客观、可验证的结论。质性研究方法基于建构主义或解释主义的哲学观点，认为现实是主观构建的，依赖个体的经验、文化背景和社会环境。因此，质性研究方法反映了主观主义认识论，认为研究者和研究现象是无法截然分开的，研究者就是研究现象的组成部分；认为通过深入的、常常是非结构化的互动（如访谈、参与观察等），研究者能够更好地理解研究对象的内在意义和社会现象，并要对研究现象进行全面描述。

2. 为什么说 Q 方法本质上是一种混合研究方法？

　　因为 Q 方法调和了客观研究范式和主观研究范式，研究的核心是主观观点，但同时强调客观性，认为信念、情感等主观观点不是孤立存在的。Q 方法致力于呈现主观观点的结构和形式，亦即主观性的结构。实现方法一方面使用基于人的因子分析来识别反映 Q 排序的因子结构，不同的因子代表不同的观点，这是一个定量过程。但是，对因子的解释是定性的，研究者必须审视因子中的 Q 陈述项目，并根据这些陈述的组合来构建对每个因子的叙述或解释。因此，Q 方法本质上是一种混合方法。

3. 与应用语言学常用的问卷调查法和访谈法相比，Q 方法有什么优势？

　　与应用语言学常用的问卷调查法和访谈法相比，Q 方法有如下优势。(1) 虽然 Q 方法也使用类似问卷调查项目的 Q 陈述，并采用因子分析的统计思路，但 Q 方法是以人为中心，由被试将自己的价值判断投射到对 Q 样本的排序中，构建自己的观点集合，因此是在量化方法的客观主义研究范式基础上引入人本主义的世界观，能够以科学方法探索主观性，使得群组的观点集合能够从数据中涌现。此外，Q方法对样本量要求较低。（2）与访谈法相比，Q方法同样聚焦主观性，优势在于引入基于人的因子分析，通过数据规律确立主观观点的结构性。此外，通过对群组共性提炼出群组的观点集合，使得研究结果更能克服还原论的不足，体现整体性原则。

练习二

1. Q方法的研究问题通常会使用什么样的动词？

　　Q方法的研究问题通常会使用表示探索性的动词，如"报告""描述"等，避开使用量化研究中带方向性的词语如"影响""决定"等。

2. 构建观点汇集的渠道有哪些？

　　构建观点汇集可以通过多种渠道，如现有文献、前人研究的问卷、访谈、媒体报道等。

3. 为什么说Q方法是倒置的因子分析方法？

　　因为Q方法的主要操作是先收集关于研究主题的各种陈述并形成Q样本，然后让研究对象根据自己的观点，对Q样本陈述进行正态分布式的强迫排序，最后对排序结果进行基于人的因子分析和因子解读。Q方法的核心在于聚焦研究对象的主观看法，并以研究对象为变量进行因子分析，使得每个因子代表的研究对象的群组观点得以浮现。因此，Q方法被称为倒置的因子分析方法。

4. Q方法中选取P样本有哪些参考原则？

　　Q方法中选取P样本的参考原则有多种。（1）应用R方法的因子分析关于研究对象与项目数量的最低比例为2:1的原则，Q方法中项目与研究对象数量的最低比例为2:1。例如，Q样本数量为60的话，则最多不超过30名研究参与者。（2）大致的准则是P样本量不能大于Q样本量（Watts & Stenner 2012）。

英式传统的 Q 方法研究通常认为 40—60 名参与者是足够的。

练习三 [1]

1. 实施 Q 方法前需要准备什么材料？

实施 Q 方法前，研究者需要准备好的材料包括：（1）Q 卡片，每张 Q 卡片上打印 1 条 Q 陈述及其编号；（2）Q 分类量表，包括打印在一张大纸上的分类量表（用于排序时放置 Q 卡片）和打印在一张 A4 纸上的分类量表（用于抄写最终的排序结果）。以上材料需要为每个研究对象都准备一套。

2. 开展线上 Q 排序需要注意些什么？

开展线上 Q 排序需要注意以下几个方面：（1）合理控制 Q 陈述的数量，在线排序的 Q 陈述宜控制在 36—40 之间。（2）提供清晰易懂的操作指引，可以通过短视频方式来解释 Q 排序的步骤，视频上包含字幕；也可以在 Q 排序前通过视频会议，向研究对象介绍 Q 排序的步骤。（3）尽量进行 Q 排序后的访谈，以更细致了解研究对象的观点和看法，增加对提取的因子的解释力。

3. 假设研究者关注中学英语老师在其日常教学和职业发展中所经历的职业倦怠（burnout）和心理韧性（resilience）的感受，并形成了如下 47 条 Q 样本（Ding *et al.* 2023）。那么，你会建议研究者采用多少级的 Q 分类量表？为什么？

建议使用 11 级的 Q 分类量表。因为根据 Watts & Stenner（2012）的建议，该研究 Q 样本的陈述数量介于 40 到 60 之间，可以使用 11 级量表（–5 到 +5）。

练习四

1. 假设研究者拟使用第三章练习题的 47 条 Q 陈述，在 18 名高中英语教师中开展一项 Q 方法研究，你认为可以提出什么研究问题？

---

1 第三、四、五章的练习题对应的 Q 陈述（教师研究 .sta）、Q 排序结果（教师研究 .dat）、程序输出的全部分析结果（教师研究 -Centroid 2 factors.lis）均附在本书附带的数据"教师研究"文件夹中。

研究问题：参与研究的这些教师在职业倦怠和心理韧性方面呈现出什么心理特征轮廓？

2. 假设收集到以下 18 条 Q 排序，请使用 PQMethod 输入数据，项目名称为"教师研究"。请采用质心提取法和极大方差旋转进行分析，判断提取多少个因子较为合适？

主要的分析表格：

表附 2.1　未旋转的因子矩阵

Q 排序	因子	
	1	2
1 FY290601	0.6686	−0.1557
2 FN310902	0.3611	0.5334
3 FY391603	0.7511	−0.0882
4 FN502604	0.7688	0.0682
5 FN371305	0.7367	−0.0994
6 FY391606	0.2519	0.6371
7 FY351207	0.8122	0.0296
8 FN391608	0.8396	−0.0193
9 FY341009	−0.0909	0.4912
10 FN331010	0.8226	0.1311
11 MY300311	0.4290	0.1218
12 MY401612	0.6284	−0.2487
13 MN421713	0.5479	−0.3602
14 MN492714	0.5897	−0.0628
15 FN442115	0.6456	0.0943
16 FN240216	0.7514	−0.2052
17 FY331017	0.7585	0.0710
18 FY371518	0.7775	0.1104

（待续）

（续表）

Q 排序	因子	
	1	2
Eigenvalues	7.7762	1.2754
% expl. Var.	43	7

表附 2.2 带 X 标注的因子矩阵（极大方差旋转）

Q 排序	载荷值	
	1	2
1 FY290601	0.6853X	−0.0414
2 FN310902	0.2666	0.5863X
3 FY391603	0.7553X	0.0389
4 FN502604	0.7465X	0.1960
5 FN371305	0.7429X	0.0254
6 FY391606	0.1416	0.6703X
7 FY351207	0.7957X	0.1652
8 FN391608	0.8309X	0.1216
9 FY341009	−0.1719	0.4691X
10 FN331010	0.7890X	0.2670
11 MY300311	0.4026X	0.1920
12 MY401612	0.6612X	−0.1399
13 MN421713	0.6005X	−0.2633
14 MN492714	0.5919X	0.0369
15 FN442115	0.6207X	0.2012
16 FN240216	0.7752X	−0.0764
17 FY331017	0.7359X	0.1971
18 FY371518	0.7480X	0.2391
% expl. Var.	42	8

表附 2.3 提取两个因子的 Q 排序分布

因子	Q 排序的序号	Q 排序的数量
因子 1	1、3、4、5、7、8、10、11、12、13、14、15、16、17、18	15
因子 2	2、6、9	3
混杂	无	0
不显著	无	0

表附 2.4 因子的相关矩阵

	1	2
1	1	0.2804
2	0.2804	1

表附 2.5 第一个因子的因子序列

序号	陈述	Z 值	排序
9	我觉得我的工作对他人的生活有积极的影响。	1.598	+5
41	我们学校里的老师互相帮助、互相支持。	1.455	+5
24	我有可以依赖的亲密、可靠的关系。	1.374	+4
16	总的来看,这是近乎我理想的工作。	1.270	+4
31	事情发生总是有原因的。	1.240	+4
18	与学生密切协作后我觉得很愉快。	1.205	+3
46	我努力工作以达到目标。	1.144	+3
19	我在工作中做成了很多有意义的事儿。	1.103	+3
27	过去的成功让我有信心面对挑战。	1.060	+3
44	我感觉能掌控自己的生活。	0.919	+2
17	与学生相处时,我能很容易创造出轻松的气氛。	0.859	+2
28	我能看到事情幽默的一面。	0.829	+2
32	无论结果怎样,我都会尽自己最大努力。	0.827	+2
23	我能适应变化。	0.756	+2

(待续)

（续表）

序号	陈述	Z 值	排序
4	我能很容易理解学生的感受。	0.690	+1
21	在工作中，我能很冷静地处理情绪问题。	0.479	+1
7	我能很有效地处理学生的问题。	0.471	+1
33	我能实现自己的目标。	0.465	+1
38	我不会因失败而气馁。	0.343	+1
35	我知道去哪里寻求帮助。	0.303	+1
47	我对自己的成绩感到骄傲。	0.287	0
39	我认为自己是个强有力的人。	0.260	0
36	在压力下，我能够集中注意力并清晰思考。	0.209	0
30	经历艰难或疾病后，我往往会很快恢复。	0.148	0
25	有时，能得到命运或上天的相助。	0.066	0
12	我觉得精力非常充沛。	0.065	0
26	无论发生什么我都能应付。	−0.002	0
29	应对压力使我感到有力量。	−0.139	−1
43	我有强烈的目的感。	−0.175	−1
20	学校领导总鼓励我们，工作做得好就会表扬。	−0.228	−1
40	我能做出不寻常的或艰难的决定。	−0.246	−1
34	当事情看起来没什么希望时，我不会轻易放弃。	−0.423	−1
14	我觉得我在工作中过于卖力了。	−0.535	−1
45	我喜欢挑战。	−0.535	−2
37	我喜欢在解决问题时起带头作用。	−0.620	−2
22	我觉得学生会把自己的问题怪到我头上来。	−0.686	−2
2	下班时，我感到自己的精力全部被耗尽了。	−0.820	−2
42	我不得不按照预感行事。	−0.894	−2
1	我感到自己在工作中耗尽了心力。	−1.157	−3
13	工作让我感到挫败。	−1.223	−3

（待续）

（续表）

序号	陈述	Z 值	排序
6	在工作中整天与人打交道，对我来说压力确实很大。	−1.267	−3
3	早上醒来时想到又要面对一天的工作，我感到很累。	−1.564	−3
15	我不大关心发生在学生身上的事情。	−1.657	−4
8	工作让我感到崩溃。	−1.705	−4
5	我感到自己把某些学生当成没有感情的对象来对待。	−1.763	−4
10	我有时会想到辞去教职。	−1.768	−5
11	我担心这份工作会使我变得感情冷漠。	−2.020	−5

注：该表根据 PQMethod 输出的 "Factor Scores – For Factor 1" 而制，表中"排序"一列是基于研究采用的排序量表（见图 3.2），根据 Q 陈述的 Z 值手动添加。

表附 2.6　第二个因子的因子序列

序号	陈述	Z 值	排序
18	与学生密切协作后我觉得很愉快。	2.093	+5
28	我能看到事情幽默的一面。	1.689	+5
31	事情发生总是有原因的。	1.455	+4
11	我担心这份工作会使我变得感情冷漠。	1.396	+4
9	我觉得我的工作对他人的生活有积极的影响。	1.389	+4
4	我能很容易理解学生的感受。	1.280	+3
7	我能很有效地处理学生的问题。	1.221	+3
1	我感到自己在工作中耗尽了心力。	0.992	+3
24	我有可以依赖的亲密、可靠的关系。	0.991	+3
41	我们学校里的老师互相帮助、互相支持。	0.885	+2
16	总的来看，这是近乎我理想的工作。	0.858	+2
2	下班时，我感到自己的精力全部被耗尽了。	0.742	+2

（待续）

序号	陈述	Z 值	排序
32	无论结果怎样，我都会尽自己最大努力。	0.689	+2
46	我努力工作以达到目标。	0.632	+2
17	与学生相处时，我能很容易创造出轻松的气氛。	0.457	+1
6	在工作中整天与人打交道，对我来说压力确实很大。	0.360	+1
5	我感到自己把某些学生当成没有感情的对象来对待。	0.300	+1
22	我觉得学生会把自己的问题怪到我头上来。	0.291	+1
47	我对自己的成绩感到骄傲。	0.288	+1
25	有时，能得到命运或上天的相助。	0.231	+1
13	工作让我感到挫败。	0.181	0
23	我能适应变化。	0.119	0
33	我能实现自己的目标。	0.116	0
10	我有时会想到辞去教职。	0.051	0
12	我觉得精力非常充沛。	−0.006	0
27	过去的成功让我有信心面对挑战。	−0.113	0
3	早上醒来时想到又要面对一天的工作，我感到很累。	−0.115	0
20	学校领导总鼓励我们，工作做得好就会表扬。	−0.160	−1
19	我在工作中做成了很多有意义的事儿。	−0.169	−1
44	我感觉能掌控自己的生活。	−0.344	−1
15	我不大关心发生在学生身上的事情。	−0.350	−1
38	我不会因失败而气馁。	−0.401	−1
14	我觉得我在工作中过于卖力了。	−0.523	−1
43	我有强烈的目的感。	−0.531	−2
30	经历艰难或疾病后，我往往会很快恢复。	−0.644	−2
35	我知道去哪里寻求帮助。	−0.701	−2
42	我不得不按照预感行事。	−0.704	−2
29	应对压力使我感到有力量。	−0.918	−2

（待续）

（续表）

序号	陈述	Z值	排序
40	我能做出不寻常的或艰难的决定。	−1.048	−3
26	无论发生什么我都能应付。	−1.048	−3
34	当事情看起来没什么希望时，我不会轻易放弃。	−1.054	−3
37	我喜欢在解决问题时起带头作用。	−1.152	−3
8	工作让我感到崩溃。	−1.161	−4
21	在工作中，我能很冷静地处理情绪问题。	−1.342	−4
39	我认为自己是个强有力的人。	−1.924	−4
36	在压力下，我能够集中注意力并清晰思考。	−2.031	−5
45	我喜欢挑战。	−2.265	−5

注：该表根据 PQMethod 输出的 "Factor Scores – For Factor 2" 而制，表中"排序"一列是基于研究采用的排序量表（见图 3.2），根据 Q 陈述的 Z 值手动添加。

从以上的分析结果可以看到，从 18 条 Q 排序提取两个因子是较为合理的，两个因子共解释了 50% 的方差，符合 Watts & Stenner（2012）所建议的解释的方差须在 35%—40% 或以上。因子的相关系数为 0.28，不超过本研究相关系数达到 0.01 水平上显著的阈值（0.38）。该研究有 47 条陈述，所以这个阈值的计算公式为：显著性 $= 2.58 \times (1 \div \sqrt{47})$。因此，最后确定提取两个因子，因子序列如表附 2.5、2.6 所示。

练习五

1. 根据第四章练习题的分析结果，请对提取的两个因子进行解读并命名因子。

首先，查看序列中每个因子下 Z 值最高和最低的陈述。可以根据表附 2.5 和表附 2.6 制作两个因子中最同意和最不同意的 5 条 Q 陈述，以便对因子的群组观点获得初步认识（见表附 2.7、2.8、2.9）。

表附 2.7 第一个因子中最同意和最不同意的 Q 陈述

	因子 1 的特征陈述	排序	Z 值
	9. 我觉得我的工作对他人的生活有积极的影响。	+5	1.598
	41. 我们学校里的老师互相帮助、互相支持。	+5	1.455
最同意	24. 我有可以依赖的亲密、可靠的关系。	+4	1.374
	6. 总的来看，这是近乎我理想的工作。	+4	1.270
	31. 事情发生总是有原因的。	+4	1.240
	11. 我担心这份工作会使我变得感情冷漠。	−5	−2.020
	10. 我有时会想到辞去教职。	−5	−1.768
最不同意	5. 我感到自己把某些学生当成没有感情的对象来对待。	−4	−1.763
	8. 工作让我感到崩溃。	−4	−1.705
	15. 我不大关心发生在学生身上的事情。	−4	−1.657

表附 2.8 第二个因子中最同意和最不同意的 Q 陈述

	因子 2 的特征陈述	排序	Z 值
	18. 与学生密切协作后我觉得很愉快。	+5	2.093
	28. 我能看到事情幽默的一面。	+5	1.689
最同意	31. 事情发生总是有原因的。	+4	1.455
	11. 我担心这份工作会使我变得感情冷漠。	+4	1.396
	9. 我觉得我的工作对他人的生活有积极的影响。	+4	1.389
	45. 我喜欢挑战。	−5	−2.260
	36. 在压力下，我能够集中注意力并清晰思考。	−5	−2.031
最不同意	39. 我认为自己是个强有力的人。	−4	−1.924
	21. 在工作中，我能很冷静地处理情绪问题。	−4	−1.342
	8. 工作让我感到崩溃。	−4	−1.161

分析因子之间相似度最高和最低的陈述，可以查看 PQMethod 输出的"教师研究 -Centroid 2 factors.lis"文件中"因子之间的差异降序排列"的信息，如下：

表附 2.9 第一和第二个因子之间的差异降序排列

序号	陈述	类型 1	类型 2	差异
36	在压力下，我能够集中注意力并清晰思考。	0.209	−2.031	2.240
39	我认为自己是个强有力的人。	0.260	−1.924	2.184
21	在工作中，我能很冷静地处理情绪问题。	0.479	−1.342	1.821
45	我喜欢挑战。	−0.535	−2.265	1.730
19	我在工作中做成了很多有意义的事儿。	1.103	−0.169	1.272
44	我感觉能掌控自己的生活。	0.919	−0.344	1.263
27	过去的成功让我有信心面对挑战。	1.060	−0.113	1.173
26	无论发生什么我都能应付。	−0.002	−1.048	1.046
35	我知道去哪里寻求帮助。	0.303	−0.701	1.004
40	我能做出不寻常的或艰难的决定。	−0.246	−1.048	0.802
30	经历艰难或疾病后，我往往会很快恢复。	0.148	−0.644	0.792
29	应对压力使我感到有力量。	−0.139	−0.918	0.779
38	我不会因失败而气馁。	0.343	−0.401	0.744
23	我能适应变化。	0.756	0.119	0.637
34	当事情看起来没什么希望时，我不会轻易放弃。	−0.423	−1.054	0.631
41	我们学校里的老师互相帮助、互相支持。	1.455	0.885	0.570
37	我喜欢在解决问题时起带头作用。	−0.620	−1.152	0.532
46	我努力工作以达到目标。	1.144	0.632	0.512
16	总的来看，这是近乎我理想的工作。	1.270	0.858	0.412
17	与学生相处时，我能很容易创造出轻松的气氛。	0.859	0.457	0.402
24	我有可以依赖的亲密、可靠的关系。	1.374	0.991	0.383
43	我有强烈的目的感。	−0.175	−0.531	0.356
33	我能实现自己的目标。	0.465	0.116	0.349
9	我觉得我的工作对他人的生活有积极的影响。	1.598	1.389	0.209

（待续）

(续表)

序号	陈述	类型 1	类型 2	差异
32	无论结果怎样，我都会尽自己最大努力。	0.827	0.689	0.138
12	我觉得精力非常充沛。	0.065	−0.006	0.071
47	我对自己的成绩感到骄傲。	0.287	0.288	−0.001
14	我觉得我在工作中过于卖力了。	−0.535	−0.523	−0.012
20	学校领导总鼓励我们，工作做得好就会表扬。	−0.228	−0.160	−0.068
25	有时，能得到命运或上天的相助。	0.066	0.231	−0.165
42	我不得不按照预感行事。	−0.894	−0.704	−0.190
31	事情发生总是有原因的。	1.240	1.455	−0.215
8	工作让我感到崩溃。	−1.705	−1.161	−0.544
4	我能很容易理解学生的感受。	0.690	1.280	−0.590
7	我能很有效地处理学生的问题。	0.471	1.221	−0.750
28	我能看到事情幽默的一面。	0.829	1.689	−0.860
18	与学生密切协作后我觉得很愉快。	1.205	2.093	−0.888
22	我觉得学生会把自己的问题怪到我头上来。	−0.686	0.291	−0.977
15	我不大关心发生在学生身上的事情。	−1.657	−0.350	−1.307
13	工作让我感到挫败。	−1.223	0.181	−1.404
3	早上醒来时想到又要面对一天的工作，我感到很累。	−1.564	−0.115	−1.449
2	下班时，我感到自己的精力全部被耗尽了。	−0.820	0.742	−1.562
6	在工作中整天与人打交道，对我来说压力确实很大。	−1.267	0.360	−1.627
10	我有时会想到辞去教职。	−1.768	0.051	−1.819
5	我感到自己把某些学生当成没有感情的对象来对待。	−1.763	0.300	−2.063
1	我感到自己在工作中耗尽了心力。	−1.157	0.992	−2.149
11	我担心这份工作会使我变得感情冷漠。	−2.020	1.396	−3.416

注：由于计算过程采用了四舍五入，表中数据与软件输出结果有细微差别，但这不影响最终的分析与结论。

需要注意的是，对两个因子之间 Z 值差异的比较要以绝对值计算。因此，根据表附 2.9，对"差异"一列的数值求绝对值后，对两个因子之间 Z 值差异的绝对值从大到小排列，可以发现差异值排在前 10 的 Q 陈述依次是第 11、36、39、1、5、21、10、45、6、2 条。此外，表附 2.9 的顶端显示因子 1 对第 36（在压力下，我能够集中注意力并清晰思考）、39（我认为自己是个强有力的人）、21（在工作中，我能很冷静地处理情绪问题）、45（我喜欢挑战）条陈述比因子 2 持更认同的态度，而表格底端则表明相较于因子 1，因子 2 更倾向认同第 11（我担心这份工作会使我变得感情冷漠）、1（我感到自己在工作中耗尽了心力）、5（我感到自己把某些学生当成没有感情的对象来对待）、10（我有时会想到辞去教职）、6（在工作中整天与人打交道，对我来说压力确实很大）和 2（下班时，我感到自己的精力全部被耗尽了）条陈述。

同时，可以查看程序输出的区别性陈述和共识性陈述的表格，辅助解读因子（见第四章）。此外，为了避免遗漏一些不太显眼的 Q 陈述的信息，以获得对因子的整体观点的理解，建议制作备忘单。首先查阅程序输出的包含所有因子的因子序列，如表附 2.10 所示。然后制作因子解读的备忘单（见表附 2.11），并加以分析。由于只提取了两个因子，所以只需要制作一个因子的备忘单。

表附 2.10 因子序列

序号	陈述	1	2
1	我感到自己在工作中耗尽了心力。	−3	+3
2	下班时，我感到自己的精力全部被耗尽了。	−2	+2
3	早上醒来时想到又要面对一天的工作，我感到很累。	−3	0
4	我能很容易理解学生的感受。	+1	+3
5	我感到自己把某些学生当成没有感情的对象来对待。	−4	+1
6	在工作中整天与人打交道，对我来说压力确实很大。	−3	+1
7	我能很有效地处理学生的问题。	+1	+3
8	工作让我感到崩溃。	−4	−4
9	我觉得我的工作对他人的生活有积极的影响。	+5	+4
10	我有时会想到辞去教职。	−5	0

（待续）

（续表）

序号	陈述	1	2
11	我担心这份工作会使我变得感情冷漠。	−5	+4
12	我觉得精力非常充沛。	0	0
13	工作让我感到挫败。	−3	0
14	我觉得我在工作中过于卖力了。	−1	−1
15	我不大关心发生在学生身上的事情。	−4	−1
16	总的来看，这是近乎我理想的工作。	+4	+2
17	与学生相处时，我能很容易创造出轻松的气氛。	+2	+1
18	与学生密切协作后我觉得很愉快。	+3	+5
19	我在工作中做成了很多有意义的事儿。	+3	−1
20	学校领导总鼓励我们，工作做得好就会表扬。	−1	−1
21	在工作中，我能很冷静地处理情绪问题。	+1	−4
22	我觉得学生会把自己的问题怪到我头上来。	−2	1
23	我能适应变化。	+2	0
24	我有可以依赖的亲密、可靠的关系。	+4	+3
25	有时，能得到命运或上天的相助。	0	+1
26	无论发生什么我都能应付。	0	−3
27	过去的成功让我有信心面对挑战。	+3	0
28	我能看到事情幽默的一面。	+2	+5
29	应对压力使我感到有力量。	−1	−2
30	经历艰难或疾病后，我往往会很快恢复。	0	−2
31	事情发生总是有原因的。	+4	+4
32	无论结果怎样，我都会尽自己最大努力。	+2	+2
33	我能实现自己的目标。	+1	0
34	当事情看起来没什么希望时，我不会轻易放弃。	−1	−3
35	我知道去哪里寻求帮助。	+1	−2
36	在压力下，我能够集中注意力并清晰思考。	0	−5

（待续）

（续表）

序号	陈述	1	2
37	我喜欢在解决问题时起带头作用。	−2	−3
38	我不会因失败而气馁。	+1	−1
39	我认为自己是个强有力的人。	0	−4
40	我能做出不寻常的或艰难的决定。	−1	−3
41	我们学校里的老师互相帮助、互相支持。	+5	+2
42	我不得不按照预感行事。	−2	−2
43	我有强烈的目的感。	−1	−2
44	我感觉能掌控自己的生活。	+2	−1
45	我喜欢挑战。	−2	−5
46	我努力工作以达到目标。	+3	+2
47	我对自己的成绩感到骄傲。	0	+1

表附 2.11 第一个因子的解读备忘单

序号	陈述
排名 +5 的项目	
9	我觉得我的工作对他人的生活有积极的影响。
41	我们学校里的老师互相帮助、互相支持。
在因子 1 中排名高于在其他任何因子排名的项目	
16	总的来看，这是近乎我理想的工作。+4
17	与学生相处时，我能很容易创造出轻松的气氛。+2
19	我在工作中做成了很多有意义的事儿。+3
21	在工作中，我能很冷静地处理情绪问题。+1
23	我能适应变化。+2
24	我有可以依赖的亲密、可靠的关系。+4
26	无论发生什么我都能应付。0
27	过去的成功让我有信心面对挑战。+3

（待续）

（续表）

序号	陈述
29	应对压力使我感到有力量。−1
30	经历艰难或疾病后，我往往会很快恢复。0
33	我能实现自己的目标。+1
34	当事情看起来没什么希望时，我不会轻易放弃。−1
35	我知道去哪里寻求帮助。+1
36	在压力下，我能够集中注意力并清晰思考。0
37	我喜欢在解决问题时起带头作用。−2
38	我不会因失败而气馁。+1
39	我认为自己是个强有力的人。0
40	我能做出不寻常的或艰难的决定。−1
43	我有强烈的目的感。−1
44	我感觉能掌控自己的生活。+2
45	我喜欢挑战。−2
46	我努力工作以达到目标。+3
在因子1中排名低于在其他任何因子排名的项目	
1	我感到自己在工作中耗尽了心力。−3
2	下班时，我感到自己的精力全部被耗尽了。−2
3	早上醒来时想到又要面对一天的工作，我感到很累。−3
4	我能很容易理解学生的感受。+1
5	我感到自己把某些学生当成没有感情的对象来对待。−4
6	在工作中整天与人打交道，对我来说压力确实很大。−3
7	我能很有效地处理学生的问题。+1
13	工作让我感到挫败。−3
15	我不大关心发生在学生身上的事情。−4
18	与学生密切协作后我觉得很愉快。+3

（待续）

（续表）

序号	陈述
22	我觉得学生会把自己的问题怪到我头上来。–2
25	有时，能得到命运或上天的相助。0
28	我能看到事情幽默的一面。+2
47	我对自己的成绩感到骄傲。0
排名 –5 的项目	
11	我担心这份工作会使我变得感情冷漠。
10	我有时会想到辞去教职。

最后，综合每个因子下研究对象的个体特征，如年龄、教龄、学历背景、是否担任班主任（因为在基础教育学段，担任班主任的教师需要承担学科教学外的工作责任，可能会对其职业倦怠和心理韧性等心理特征产生影响）。通过对以上各方面数据的分析和解读，最终研究分析出两个因子，第一个因子命名为"具有个人与环境平衡的韧性和成就感"，第二个因子命名为"情绪敏感，感到倦怠且难以恢复"。对因子具体的解读见下面第二题的参考答案。

2. 请以 Q 方法研究论文的常见范式，汇报因子分析结果。

因子 1：具有个人与环境平衡的韧性和成就感

第一个因子解释了 42% 的方差。该因子包括 15 名教师，其中 4 名为男性，11 名为女性。本研究中唯一具备硕士研究生学历的教师（MY300311）落在这一因子，其他教师是本科学历。该组教师的平均年龄为 37 岁，平均英语教龄为 14 年。其中 7 人是英语教师兼任班主任（占 46.67%），其余的是英语科任教师（占 53.33%）。此外，这一因子与第二个因子的不同在于，所有男性教师均集中在这一因子，男性教师在该因子的占比为 26.67%，且班主任的占比最小，而因子 2 包含的 3 名教师中有两名担任班主任，占比为 66.67%。

这个因子的教师有很强的个人成就感和良好的人际关系控制能力。他们倾向感觉自己的工作对他人的生活有积极影响。擅长与学生保持良好的关系。他们与学生相处融洽，能与学生创造轻松的氛围（17；+2）。即使教学多年，他们也不觉得自己的工作会让他们在情感上变得麻木（11：-5）。此外，他们和同事（41：+5）及身边的人（24：+4）建立了良好和谐的关系。这些教师倾向积极地看待他们的组织氛围。尽管他们不认为学校领导层给予支持（20：-1），但他们相当认同学校中的教师互相帮助和支持（41：+5），且极不可能考虑辞职（10：-5）。他们具有良好的人际关系，身边有可以依赖的亲密、可靠的关系（24：+4）。

因此，他们似乎很少感受到职业倦怠。每天早晨面对新的工作时，他们都充满活力（3：-3）。他们的工作几乎不会让他们感到耗尽心力（1：-3）或沮丧（13：-3）。换言之，这组教师看起来很有韧性。他们乐观，能够在压力下工作。与第二个因子的教师对如下方面的否定态度相比，这个因子的群组对"在工作中，我能很冷静地处理情绪问题"这条陈述给予了正向认同（21：+1），也不否认自己在经历艰难或疾病后能够迅速恢复（30：0），并且表达不会轻易因为艰难或疾病而气馁（38：+1）。

总的来说，这个因子的教师喜欢他们的工作，从担任英语教师职业中获得成就感，并以积极的态度看待他们的学校环境。他们似乎实现了个人与环境之间的平衡，并表现出明显的韧性特征，不太可能出现职业倦怠。

因子2：情绪敏感，感到倦怠且难以恢复

第二个因子解释了8%的方差。该因子包括3名女性英语教师，她们的平均年龄是35岁，平均英语教龄是11年。其中两人是英语教师兼任班主任（66.67%），另一人（33.33%）是英语科任教师。这一因子的显著特点是教师的平均年龄最小，所有教师都是女性，以及班主任比例最高。

这组教师倾向经历较大程度的职业倦怠。尽管她们否认因工作感到疲惫倦怠（8：-4），她们并不否认"工作让我感到挫败"（13：0）这条陈述，感觉工作使自己在情感上变得麻木（11：+4），并且会感觉自己把某些学生当成没有感情的对象来对待（5：+1）。相对于第一个因子，她们对自己工作的价值缺乏信心（19：-1），也并不否认有辞职意图（10：0）。

此外，该组教师显得韧性较低，遇到困难或挫折较难恢复。她们可能容易因为失败而气馁（38：-1），并且会轻易放弃没有希望的事情（34：-3）。她们

不认为自己坚强（39：–4），也不喜欢挑战（45：–5）。

这组教师在情感上似乎更为敏感，情绪容易波动。一方面，她们表示自己能看到事情幽默的一面（28：+5），因而可能较为开朗乐观；但另一方面，她们认为自己很难平静地处理工作中的情绪问题（21：–4）。在压力下，她们无法集中注意力和清晰地思考（36：–5）。这些都与因子1形成鲜明对比。

总体来说，这一因子下的英语教师似乎倾向会经历职业倦怠，她们在情感上较为敏感，自我感知的能力较低，并且在面对挑战时缺乏韧性，遇到挫折可能难以恢复。

（编译自 Ding *et al.* 2023：9-12）

附录 3　Q 方法的分析工具与资源

- ## 在线 Q 排序和分析工具

Q-sortware（https://application.qsortware.net/，2024 年 9 月 20 日读取）

Q Method Software（https://qmethodsoftware.com/，2024 年 9 月 20 日读取）

WebQ（http://schmolck.org/qmethod/webq/，2024 年 9 月 20 日读取）

- ## Q 方法的数据分析工具

PQMethod（http://schmolck.org/qmethod/downpqwin.htm，2024 年 9 月 20 日读取）

Ken-Q Analysis（https://shawnbanasick.github.io/ken-q-analysis，2024 年 9 月 20 日读取）

KADE（https://github.com/shawnbanasick/kade，2024 年 9 月 20 日读取）

- ## Q 方法网站

PQMethod Manual

http://schmolck.org/qmethod/pqmanual.htm（2024 年 9 月 20 日读取）

该网站详细介绍了使用 PQMethod 软件进行分析的过程。

Qmethod.org

https://qmethod.org/resources/#:~:text=Brown%201980%3A%20Political%20

Subjectivity%20Types%3A,key%20literature%20on%20Q%20methodology（2024 年 9 月 20 日读取）

该网站提供了 Q 方法的一些文献和资源信息。

Operant Subjectivity

https://ojs.library.okstate.edu/osu/index.php/osub/（2024 年 9 月 20 日读取）

该网站是期刊 *Operant Subjectivity* 的官方网站，该期刊是探讨 Q 方法研究的重要期刊。

Q Methodology Network

https://www.lsoft.com/SCRIPTS/WL.EXE?SL1=Q-METHOD&H=LISTSERV.

KENT.EDU&SL1=Q-METHOD&H=LISTSERV.KENT.EDUm（2024 年 9 月 20 日读取）

该网站记录了Q方法研究群过往的交流档案。

- **介绍Q方法的书籍**

McKeown, B. & Thomas, D. B. 2013. *Q Methodology* (2nd edition). Thousand Oaks: Sage.

Watts, S. & Stenner, P. 2012. *Doing Q Methodological Research: Theory, Method and Interpretation*. Thousand Oaks: Sage.

- **介绍Q方法的文章**

Lundberg, A., de Leeuw, R. & Aliani, R. 2020. Using Q methodology: Sorting out subjectivity in educational research. *Educational Research Review* 31: 100361. doi: 10.1016/j.edurev.2020.100361.

Nazariadli, S., Morais, D. B., Supak, S., Baran, P. K. & Bunds, K. S. 2019. Assessing the visual Q method online research tool: A usability, reliability, and methods agreement analysis. *Methodological Innovations* 12(1): 2059799119832194. doi: 10.1177/2059799119832194.

Shemmings, D. 2006. 'Quantifying' qualitative data: An illustrative example of the use of Q methodology in psychosocial research. *Qualitative Research in Psychology* 3(2): 147-165.

姜永志，2013，心理学方法论的主观性变革——兼论Q方法的操作主观性，《心理学探新》33（4）：302-307。

赵德雷、乐国安，2003，Q方法论述评，《自然辩证法通讯》25（4）：34-39。

郑咏滟，2023，超学科范式下应用语言学Q方法的创新与前瞻，《外国语》46（1）：2-10。